87권의 책을 한 권에 담은
*Sam*의 독서노트

생각하라 그리고 행복하라

Think and Act

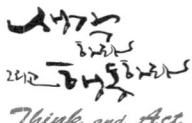

제1판 제1쇄 인쇄 2013년 5월 1일
제1판 제1쇄 발행 2013년 5월 15일

지은이 김상기

교정 · 교열 박기식 · 최연숙
디자인 백영미 · 조 케리
펴낸곳 도서출판 우인북스
등록번호 제385-2008-00019호
주소 431-053 경기도 안양시 동안구 부림동 동양트레벨파크 1305호
전화 031) 384-9552
팩스 031) 385-9552
이메일 bb2jj@hanmail.net

ⓒ김상기

ISBN 978-89-967338-5-0 03800
값 13,000 원

이 도서의 국립중앙도서관 출판시도서목록(CIP)은 서지정보유통지원시스템 홈페이지(http://seoji.nl.go.kr)와 국가자료공동목록시스템(http://www.nl.go.kr/kolisnet)에서 이용하실 수 있습니다.(CIP제어번호: CIP2013004855)

※이 책은 저작권법에 따라 보호받는 저작물이므로 무단 전제와 무단 복제를 금합니다.
※이 책의 전부 또는 일부를 이용하려면 반드시 저자의 동의를 받아야 합니다.

87권의 책을 한 권에 담은
*Sam*의 독서노트

생각하라 그리고 행동하라
Think and Act

김상기

차례

p.15 **들어가면서** prologue

Ⅰ. 기독교

p.21 **본질에 대한 질문**

A. J. 제이콥스 A. J. Jacobs 의 『미친척하고 성경 말씀대로 살아본 1년』 상,하 /22
조나단 에드워드 Jonathan Edwards 의 『신앙감정론』 /24
로이드-존스 David Martyn Lloyd-Jones 의 『교리강좌 시리즈』 1-3권 /29
존 맥아더 John MacArthur 의 『구원이란 무엇인가』 /32
존 맥아더 John MacArthur 의 『그리스도만으로 충분한 기독교』 /35
존 맥아더 John MacArthur 의 『값비싼 기독교』 /38

p.41 **무엇이 다른가**

프랭크 바이올라 Frank Viola 의 『이교에 물든 기독교』 /42
레이 윤겐 Ray Yungen 의 『신비주의와 손잡은 기독교』 /45
옥성호의 『엔터테인먼트에 물든 기독교』 /49
옥성호의 『마케팅에 물든 기독교』 /53
옥성호의 『심리학에 물든 부족한 기독교』 /57
박용순의 『기독교 세상의 함정에 빠지다』 /61
윌리엄 피터슨 William J. Petersen 과 랜디 피터슨 Randy Petersen 의 『20세기를 움직인 100권의 책』 /65

백금산의 『큰 인물 독서법』 /67
백금산의 『책을 읽는 방법을 바꾸면 인생이 달라진다』 /70
한재술의 『독서모임, 대답은 있다』 /75

p.79 **믿음에 관한 이야기**

존 오웬John Owen의 『영의 생각, 육신의 생각』 /80
이용규의 『같이 걷기』 /82
게리 채프먼Gary Chapman의 『5가지 사랑의 언어』 /84
게리 콜린스Gary Collins의 『코칭 바이블』 /87
존 비비어John Bevere의 『순종』 /90
김하중의 『하나님의 대사』 1, 2권 /93
윤석준의 『한국교회가 잘못 알고 있는 101가지 성경이야기』 1, 2권 /96
이민아의 영성고백 『땅에서 하늘처럼』 /99
김선태의 『땅을 잃고 하늘을 찾은 사람』 /101
이성준의 『하나님 안에서 부자 되기』 /104
크리스토퍼 라이트Christopher J. H. Wright의 『John Stott 우리의 친구』 /107
손봉호 교수의 『잠깐 쉬었다가』 /109
오스힐먼Os Hillman의 『하나님의 타이밍』 /111

p.115 **설교에 대해서**

해돈 로빈슨Haddon W. Robinson의 『탁월한 설교에는 무언가 있다』 /116
정용섭의 『설교란 무엇인가』 /118

신성욱의 『목사님 설교 최고예요』 /121
이찬수의 『보호하심』과 『일어나라』 /124
장두만의 『청중이 귀를 기울이는 설교』 /127
박영재의 『설교가 전달되지 않는 18가지 이유 1』 /129
박영재의 『9가지 설득법칙 2』 /131
워렌 위어스비 Warren W. Wiersbe의 『이미지에 담긴 설교』 /134
존 파이퍼 John Piper의 『하나님을 설교하라』 /137
에드 스태저 Ed Stetzer와 마이크 도슨 Mike Dodson의 『다시 부흥한 324교회 성장 리포트』 /139
빌 하이벨스 Bill Hybels의 『액시엄 Axiom』 /141
윌리엄 칼3세 William J. Carl III의 『목회수업 30』 /143

II. 일 반

p.147 무엇이 자신감을 갖게 하는가

도올 김용옥의 『사랑하지 말자』 /148
E. L. 제임스 E. L. James의 『50가지 그림자』 1-6 /151
김난도의 『천 번을 흔들려야 어른이 된다』 /154
김난도의 『아프니까 청춘이다』 /157
윤혜미의 『남자의 멋.품.격』 /159
윤선현의 『하루 15분 정리의 힘』 /162
나구모 오시노리 南雲吉則의 『1일1식』 /165

p.169 **태도는 사실보다 중요하다, 라는 말의 의미**

박웅현의 『책은 도끼다』 /170
김정운의 『남자의 물건』 /172
강상구의 『마흔에 읽는 손자병법』 /174
새넌 폭스Shannon Fox의 『마지막에 결혼하는 여자가 이긴다』 /176
위지안于娟의 『오늘 내가 살아갈 이유』 /178
김훈의 『흑산』 /180
Sam Kim의 '여성주의 性인지적 觀點에서 본 소설' 『아내가 결혼했다』 /182
최인철의 『프레임』 /186
정순태의 『송의 눈물』 /189
교보문고의 『광화문에서 읽다 거닐다 느끼다』 /191
이외수의 『절대강자』 /193

p.195 **약자는 결코 거기에 머물지 않는다**

박경철의 『자기혁명』 /196
필립 체스터필드Philip Chesterfield의 『아들아』 /198
도티 빌링턴Dottie Billington의 『멋지게 나이 드는 법 46』 /201
박영만의 『묘비명으로 본 삶의 의미 인생열전』 /203
사라 밴 브레낙스Sarah Ban Breathnach의 『혼자 사는 즐거움』 /205
카트린 파시히Kathrin Passig와 알렉스 숄츠Aleks Scholz의 『여행의 기술』 /207
정몽준의 『나의 도전 나의 열정』 /209
이지성과 정회일의 『독서천재가 된 홍대리』 /212

조지 프리드먼 George Friedman의 『100년 후』 /215
종주캉의 『다시는 중국인으로 태어나지 않겠다』 /218

p.221 **진정한 행복이란 무엇인가**
구본형의 『낯선 곳에서의 아침』 /222
구본형의 『익숙한 것과의 결별』 /225
마이클 샌델 Michael J. Sandel의 『정의란 무엇인가』 /229
마이클 샌델 Michael J. Sandel의 『왜 도덕인가』 /234
이지훈의 『혼. 창. 통』 /237
이지성의 『리딩으로 리드하라』 /240
스튜어트 다이아몬드 Stuart Diamond의 『어떻게 원하는 것을 얻는가』 /243
조지 베일런트 George E. Vaillant, M.D.의 하버드대학교 인생성장보고서 『행복의 조건』 /247

p.250 **좀 더 하고싶은 이야기** epllogue

도서목록 /260

"자네의 '영혼'이
어디에서 '영원'을 보낼 것인가를 고민해 보시게나"

― 金億守(1913.5.13~2001.12.2)

이 책은 소설을 쓰려고 준비해 두었던 내용들이다.
그 동안 '블로그'에서 잠자고 있었던 것을
공유하고 싶어 내어 놓는다.
특별히 나의 격려자이자 아내인 Keeja와
자랑스러운 딸 Green이와 아들 Somang이,
그리고, 사랑스러운 조카 Kisik이와 Sunyung이에게
이 책을 들려주고 싶다.

May 8. 2013
Sam S. Kim

들어가면서 prologue

　책을 읽고 메모를 시작한 기간이 7년 정도 되는 듯하다. 처음에는 100권의 '신간新刊'을 읽고 나서 신앙소설을 쓰기 위한 계획이었다. 그런데 책을 읽다 보니 책 안에 또 다른 책들이 있어 일생 읽어도 시간이 모자랄 듯하여 많은 부담이 되어왔다. 생각하면 목적이 수단으로 변한 꼴이다. 집안에 책들은 쌓여만 가고 모아 둔다고 재산이 되거나 지식이 축적되는 것도 아니다. 구입하고 읽지도 않은 책도 있고 읽은 책도 기억이 안 난다. 분기별로 새로운 책들은 계속 읽어야 하니 이러다간 온 집안이 책 쓰레기장이 될 듯하다.

　독서노트를 시작하고부터는 나 혼자만의 기쁨과 만족, 성취감이 따른다. 읽은 책들이 없어진다 하더라도 별로 아깝지 않고, 작성한 독서노트를 보면 내용들이 새롭게 다가온다. 특별한 문장의 경우는 어느 부분에 있는 것까지 기억이 날 정도다. 손가락과 눈에 이상이 없는 한 독서노트를 계속해서 만들어 가고 싶다. 나의 독서노트 작성에는 기준이 없다. 어떤 것은 메모로 시작했고, 다른 것은 핵심 축약과 함께 특별한 문장만을 기록하기도 했다. 이제 조금 요령이 생겨서 저자의 의도와는 다른 시각으로 비틀어 보고 싶은 욕심도 있다.

　책을 읽는다는 것은 힘든 노동이다. 독자는 재미가 없으면 대충 읽다가 집어던진다. 이런 모습을 생각하면 책을 만들지 않는 사람들은 참으로 훌륭하다. 책이 유익하지 않으면 독자에게는 돈 버리고 기분 잡치는 일이다. 더 중요한 일은 독자에 의해 저자의 의도를 곡해하는 일도 일어난다. 지난번 책은 두 분에게서 나의 생각과 다른 의도로 읽었다고 전해왔다. 이 일 때문에 다섯 명의 전문인에게 왜곡된 그 부분을 다시 꼼꼼하게 읽어 달라고 부탁한 적이 있었는데, 요청했던 분들에게서 문제점이 없다는 회신을 받았지만 지금까지 께름하다. 글이란 언제나 저자의 손을 떠나면 독자에 의해 새로 탄생하기 때문이다. 비록 그것이 저자의 의도와는 딴판이라도 말이다.

　어떤 책이든 저자의 의도와 핵심을 이해하기 위해서는 독자의 노력도 매우 중요하다. 특별한 문장 하나로 전체문장을 왜곡시켜서는 안 되기 때문이다. 그러므로 책을 차분하게 보는 사람은 '行間'에 들어있는 내용까지를 살피게 된다. '原因節'과 '結論節'은 어떻게 처리했는지 '主節'인지 '從屬節'인지도 확인한다. 이런 것을 방지하기 위해 성경을 읽을 때에도 장절을 무시하고 읽어야 하는 이유다. 저자가 무엇을 '말' 하고자 했는지가 더 중요하기 때문이다. 이런 점들은 책을 많이 읽다 보면 자연스럽게 파악이 되지만 그렇지 못한 경우도 많기에 자세히 들여다보면서 주의를 기울여야 한다.

　특히 한국의 정서를 많이 접하지 못하고 있는 딸과 아들, 그리고 조카의 손에 이 책을 쥐어 주고 싶다. 책 속에서 각양각색의 사람들을 만날 수 있기 때문이다. 끝으로 여러 권의 책을 읽다 보니 자연스럽게 비판적인 시각이 뒤따르게 되는 점을 조심하지 않으면 안 되었다. 그럼에도 불구하고 비판적인 느낌이 들었다면 나의 본래의 의도는 아니다. 특히 번역서의 경우는 더 조심해서 읽어야 했다. 전체를 이해하고 나누어 놓은 문단과 문장을 자세히 주목했고 역자가 왜 이 단어를 사용했는지를 생각하면서 읽었다. 참으로 감사한 것은, 원저자原著者의 글을 역자가 기막히게 우리말로 바꾸어 놓은 점이다. 뼛속 깊이까지 새겨주는 선별된 단어와 문장들을 보면서 한글의 우수성뿐 아니라 그 표현력이 놀라웠다. 모든 일에 주님의 은혜를 셀 수가 없다.

1. 기독교

본질에 대한 질문

A.J. 제이콥스의 『미친척하고 성경 말씀대로 살아본 1년』 상,하
A.J. Jacobs

조나단 에드워드의 『신앙감정론』
Jonathan Edwards

로이드-존스의 『교리강좌 시리즈』 1-3권
David Martyn Lloyd-Jones

『존 맥아더의 『구원이란 무엇인가』·『그리스도만으로 충분한 기독교』·『값비싼 기독교』
John MacArthur

A.J. Jacobs
A.J. 제이콥스의
미친척하고
성경 말씀대로 살아본 1년 상,하

　제이콥스는 확실히 괴짜다. 아버지는 주한 미군의 변호사였다. 누나는 한국에서 탄생했고 한동안 영어도 한국식으로 했단다. 아버지도 괴짜다. 그는 아버지의 영향을 많이 받은 듯하다. 아버지는 『브리태니커백과사전』을 'B' 자까지 읽다가 힘들어 던져버렸지만 저자는 통째로 읽어버린 괴력적인 사람이다. 그는 1년 동안 신구약 성경을 문자 그대로 체험해 본다. 수염도 기르며 오직 진실만을 말하고 십계명도 지키고 간음한 자에게 돌도 던진다. 성경대로 살아본다는 괴벽이 놀랍다. 랍비와 목사로 영적 자문단도 구성했다. 이 책은 387일 간을 기록한 내용이다. 책을 마무리할 당시 역자와의 인터뷰를 '스타벅스'에서 했다. 그때 그는 '스타벅스'에 있으면서도 커피 한 잔 하지 않았다. 그 이유는 '건강에 대한 탐험'을 다시 시작해서였다. 책을 읽으면서 나 스스로가 쪼그라드는 느낌이 드는 이유는 그처럼 행동을 하지 못한데 대한 자책이다. 그가 영적 여행을 끝내고 얻은 가장 큰 수확은 '감사'라고 고백했다.

상하권 책의 내용을 적기에는 무리지만 대략 성경 안의 것들을 적용하고 느낌과 감정을 적은 것이 대부분이다. "수입의 10%를 헌금하거나 기부할 때는 하나님의 기쁨과 나 자신의 고통을 동시에 느꼈다. 700개 이상의 계율을 지킨다는 것은 불가능하다. 안식일을 지키기 위해 냉장고의 문을 열 때마다 다른 사람의 손을 빌려야 했다. 죄인에게 돌을 던질 작은 돌멩이들을 호주머니에 넣고 다녔지만 차마 던지지는 못하고 대신 발등에 떨어뜨렸다. 마가복음 16장 17~18절의 말씀을 적용하는 테네시의 녹스빌에 있는 뱀 만지는 교회를 방문했었는데 매튜는 살모사 같은 뱀에 물려도 이상이 없단다." 수염을 기른 그의 모습이 매우 인상적이다.

저자는 패션잡지 『에스콰이어』의 편집자이자 『한 권으로 읽는 브리태니커』의 저자이기도 하다. 이 책은 오래전 읽었는데 간단한 메모나 서평도 남기지 않았었다. 많은 책을 보관하기도 어렵고 그렇다고 그냥 버리기에는 애틋한 손때가 묻어 있는 책들이다. 가능하다면 읽은 모든 책을 기록으로 남겨 보고 싶다. 스스로에게도 도움이 되지만 아이들에게도 아빠의 느낌을 함께 나눈다는 의미도 있어서다. 제이콥스의 모험은 개인적으로도 괴팍스런 경험이지만 나 역시 모험해야 할 부분이 너무 많다고 느낀다. 우선 말씀에 순종하는 태도다. 저자는 하나님의 말씀대로 '순종' 해 보니 그렇게 되더라는 결론을 내렸다. 그리스도인의 순종을 다른 '대체어'로 말한다면 보이지 않는 것을 미리 보는 능력이고 모험적이어야 한다.

조나단 에드워드의
Jonathan Edwards

신앙감정론

    나는 아버지의 엄격한 모습을 보며 자라 왔다. 위로 누님 세 분에게 아버지는 하나같이 무서운 존재였다. 낯모르는 사내가 담을 넘어 보는 날이면 여지없이 잠도 못 잤다. 아버지께서는 감금 뿐 아니라 신발까지 모두 잘라버렸다. 매정하고 독했다. 그러나 때로는 한없이 정이 많은 분이셨다. 조나단 에드워드의 모습은 무서운 우리 아버지를 떠올리게 했다. 에드워드는 참과 거짓의 냉혹한 구별, 분명한 뿌리와 참 열매로 참 신앙을 구분 짓는다. 책을 덮은 후 움직일 수 없는 커다란 바위가 내 곁에 있는 듯했다. 그만큼 엄숙하고 장엄하기까지 했다.

    책의 내용은 크게 두 가지다. "신앙 감정이 진정으로 은혜로운 것인지와 그렇지 않은 것의 차이와 구별이다." 참과 거짓, 진짜와 가짜가 있다. 신앙 감정이 옳은 것이면 반드시 그 열매로 입증되어야 한다는 것이다. 언급되는 내용은 12가지로 제시한다. "감정의 강도, 몸의 격렬한 반응, 감정의 자가 생산, 성경이 갑자기 떠오르는 일, 사랑의 피상적 표현, 감정의 체험 순서, 찬송을 열심히 부르는 일, 자신의 구원 확신과 타인에 의한 구원 확신 등은 진정으로 은혜로운 것인지에 대한 판단의 근거가 될 수 없다"는 것이다.(pp189-271) 그렇다면 무엇이 뚜렷하게 신앙 감정을 구별해 주는 표지들인가에 대한 근거도 12가지로 제시되고 있다. "성령의 내주, 하나님의 하나님 되심에 대한 인식, 하나님의 아름다움에 대한 인식, 하나님을 아는 지식, 진리에 대한 깊은 확신, 참된 겸손, 성품의 변화, 그리스도의 성품을 닮아감, 하나님을 두려워함, 신앙의 균형, 하나님을 향한 갈망, 행위로 나타나는 신앙"을 예로 들고 있다.(pp292-540) 여기에 따른 예상 반박을 위한 반박도 기록하고 있고 '신앙감정론'과 관련 있는 길레스피와의 편지 모음도 글 말미 부분에 기록하고 있다.(pp640-692)

　책의 내용이 방대하지만 반복하여 읽었던 내용의 부분적인 곳을 축약해 보았다. 첫째는, 거짓된 겸손에 관한 내용이다. "거짓된 체험은 보통 가짜 겸손을 동반한다. 자신을 속이는 것이 바로 거짓된 겸손의 본질이다." 얼마나 겸손한지는 자신이 얼마나 낮아졌는지와 자신이 왜 낮아져야 하는지를 알 때 판단할 수 있다. 겸손한 사람은 자신이 낮아져야 하는 이유를 알기 때문에 자신의 겸손이 위대하다고 생각지 않는다. 탁월한 성도는 어떤 면에서도 자신이 탁월하다고 생각지 않는다. 겸손한 그리스도인은 다른 사람들의 교만보다 자신의 교만을 더 쉽게 발견하고 책망한다. 정말 겸손한 사람은 겸손을 드러내기 위해 장황한 말을 늘어놓지 않는다. "당신이 다른 사람보다 더 나은가?"라는 질문을 받았을 때, "아닙니다. 나 보다 더 나쁜 사람은 없는 것 같습니다."라고 대답했다 하더라도 문제를 그냥 넘어가지 말고 당신이 자신을 이렇게 비천하게 생각한다는 그 생각 때문에 자신이 다른 사람들보다 더 낫다고 생각하지 않는지를 다시 한 번 검토하라. 당신이 마귀만큼 교만하다고 생각하는 그 이유 때문에 자신을 매우 겸손하다고 생각하지는 않는지를 검토하라. 겸손한 사람은 심령이 가난하다. 가난한 사람은 가난하게 행한다. 매우 가난한 사람은 거지다. 심령이 가난한 사람 역시 거지다. 가난한 사람은 말이나 행동 모두 겸손하다.(pp468-479) 둘째, 성령의 증거는 어떤 속삭임이나 직접적으로 생각나게 하는 것, 또는 직접적인 계시가 결코 아니다. 그것은 성도들의 마음속에서 성령이 거룩한 영향을 주는 것과 자녀가 지녀야 할 성향과 기질을 주는 것이고 어린이 같은 달콤한 사랑으로 하나님 앞에 서는 것이다. 이것은 두려움이나 종의 영을 내몰아 버린다.(p343) 셋째, 거룩한 감정들은 주로 신적인 일들에서 드러나는 도덕적 탁월성을 사랑하는 데서 비롯된다. 달리 표현하면, 신적인 것들을 사랑하는 것이 모든 거룩한 감정들의 시작이며 원천이다.(pp365) 넷째, 상상이나 환영은 사단의 모든 속임수들이 자리하기 좋은 곳인 것 같다. 상상과 환영은 마귀의 거대한 은신처이며 악하고 속이는 영들의 본부다. 만일 사람들이 사단이 영혼에게 접근해서 영혼을 유혹하고 기만할 때 사용하는 이런 방법들을 경계하지 않는다면 사람들은 사단의 공격에 완전히 노출된 것이나 다름없다.(pp409-412) 다섯째, 회심의 역사를 경험했다고 생각하는 사람에게 크고 놀라운 영속적인 변화가 없다면 그들이 어떻게 감정적으로 고양되었든지 간에 그들의 모든 상상과 겉치레는 헛된 것이다. 회심하게 되면 거룩함을 추구하며 죄와는 원수가 된다(p481). 그리스도인의 전 생애는 전쟁에 비유되며 가장 훌륭한 군사들이다. 그리스도인의 정신은 용서와 사랑, 그리고 자비로 나타난다. 만일 당신이 성령으로 심지 않으면서 이후에 영생을 거둘 것이라는 기대로 자신을 속이지 말라. 하나님께서 당신에게 속아 넘어갈 것이라고 생각하는 것은 헛된 것이다.(p595) 여섯째, 거룩한 실천은 그리스도인들의 양심에 최고의 증거다.(약2:22, 요일2:4-5, 요일4:12, 요일3:17-18)

조나단 에드워드는 코네티컷 이스트윈저에서 출생하여 예일대학을 졸업한 뒤 매사추세츠주 노샘프턴의 회중교회會衆敎會 목사가 되어 칼빈주의 신앙부흥운동인 '대각성운동'을 주도하였다. 그러나 신앙에 대한 요구가 지나치게 엄격하였기 때문에 1750년, 교회에서 추방되어 매사추세츠 서부 지역의 인디언들에게 전도하였다. 에드워드는 미국 역사에서 가장 중요하고 독창적인 철학적 신학자로 널리 인정되고 있다. 1758년 프린스턴대학 학장에 취임하였는데 불행히도 그해 천연두를 앓다가 죽었다. 미국 3대 부통령과 뉴욕주 주지사를 지낸 에런 버의 외할아버지이기도 하다. 그의 저서 중 『의지의 자유』(1754)는 뛰어난 저서로 인정받고 있으며, 『신앙고백록』(1765)이나 『종교적 감정론』(1746)에서는 마음의 종교를 지성의 종교보다 높이 사고 있다. 그중 『분노한 하나님의 손아귀에 잡힌 죄인들』(1741)은 유명한 설교집이다. 칼빈주의에 수정을 가하여 미국 철학에 완벽한 사상과 감정 체계를 확립하였다. 끝으로 새뮤얼 데이비스는 '에드워드는 미국이 배출한 가장 심오한 사상가이며 위대한 신학자'라고 생각하며, 페리밀러는 '청교도주의는 프로테스탄티즘의 진수요 조나단 에드워드는 청교도주의의 정수'라고 말했다. 심지어 로이드-존스는 '청교도들을 알프스 산에 비유하고 루터와 칼빈을 히말라야 산에 비유한다면 조나단 에드워드는 에베레스트 산에 비유하고 싶은 사람'이라고 극찬했다.(부흥과 개혁사 발간사 중) 읽기가 쉽지 않은 분량이지만 고전의 묘미가 가득하다. 특히 아무것도 모르고 첫 신앙생활을 했었을 때의 내 모습을 벌거벗기는 듯했고 누가 알까 봐 숨죽이며 읽었다. 얼굴에 있는 잡티를 제거하는 듯한 족집게와 현미경 같은 도구였다.

David Martyn Lloyd-Jones
로이드-존스의 교리강좌 시리즈 1-3권

　　마지막 청교도라 불리던 영국의 데이비드 마틴 로이드-존스 (1899- 1981)는 의사의 삶을 살던 중 목사로 부름을 받고 44년간 사역했다. 로이드-존스는 20세기 교회에 복음과 설교의 영광을 가장 분명하게 드러낸 강해 설교자다. 그의 교리강좌는 『성부 하나님과 성자 하나님』, 『성령 하나님과 놀라운 구원』, 『영광스러운 교회와 아름다운 종말』 3권으로 구성되었다. 이 시리즈는 1952년부터 1955년까지 약 81회에 걸쳐 금요일 밤에 교리를 설교형식으로 강의한 내용들이다.

　　1권 『성부 하나님과 성자 하나님』은 33장으로 이루어졌다. 내용의 일부는 '성경의 권위, 하나님의 존재와 본성, 도덕적 속성들, 선한 천사들, 마귀와 타락한 천사들, 사람의 창조, 타락, 아담의 후손과 원죄, 하나님의 영원한 계획, 신구약에 나타난 은혜의 언약, 주 예수 그리스도, 성육신, 속죄, 대속, 왕이신 그리스도' 등이며, 2권은 『성령 하나님과 놀라운 구원』으로 '성령의 인격, 성령의 신성, 창조와 일반 은총, 새로운 출생, 회심, 회개, 구원하는 믿음, 확신, 이신득의, 양자됨, 성화, 침례와 충만, 인치심과 보증, 성령의 은사' 등으로 이루어졌다. 3권은 『영광스러운 교회와 아름다운 종말』로 '교회, 교회의 표지와 정치, 성찬, 침례, 재림, 유대인들에 대한 하나님의 계획, 다니엘 9장 24~27절의 해석, 요한 계시록 서론, 과거주의적 견해와 미래주의적 견해, 나팔, 최후의 심판, 전 천년설, 후 천년설과 영적 견해, 몸의 부활, 최후의 운명' 으로 23장이다. 각 장에서 다루는 제목들은 조직신학에서 다루는 교리들이다. 저자의 음성 테이프를 풀어서 기록한 내용들이라서 알기 쉽고 일반적으로 우리가 놓치기 쉬운 부분을 자세하게 다루었다.

1권의 분량이 613페이지로 편집을 독특하게 만들어 놓았다. 저자의 핵심 문장을 빨간 글자로 정돈시켜 읽은 내용을 재정리하게 해 놓았다. 신학자들의 경우가 대부분 그렇지만 저자의 신학도 배타적이다. 전체적인 내용에서는 의문을 던져야 하는 부분도 있었지만 워낙 세밀하고 의미 있게 설교한 내용이라서 상대가 반박하도록 허용된 곳은 거의 없다. 로이드-존스에게서 하나의 흠을 잡는다면 이런 부분이다. '침례' 의 경우 '물에서 올라왔다' 라고 설명하면서 '물에 담갔다' 는 사실은 인정하고 있지 않는 점이다. 침례 교인의 경우 상식 밖의 일이지만 그의 주장은 성경이 그렇다는 것이다. 참으로 독선적이다.

1,453페이지의 방대한 분량의 교리 중 하나의 교리에 집착하여 다른 걸 놓친다는 것은 물론 어리석은 일이다. 모든 교리와 내용

에 이해하고 동의했지만 '침례' 부분은 수용할 수 없었다. 지금까지 읽은 책 중에 이처럼 자세하고 구체적인 조직신학 교리 설교로서 흠을 잡지 못할 만큼의 설교 내용은 만나지 못했다. 그만큼 정교하고 공들인 내용들이다. 특히 오해의 소지가 있는 '교리' 부분에서도 무리없이 헤쳐 나갔다는 점에서 저자의 탁월한 모습을 지켜 볼 수 있었다. 성경을 부분적으로나 개인적으로 억지로 해석한 부분도 없었다. 저자가 어떤 삶을 살았는지는 알 수 없지만 이미 의사와 복음 전도자로서 영국에서 가장 촉망 받았다는 것에서 삶과 교리가 일치했을 것이라는 생각이 든다. 신학교를 다니지 않고 '독학'으로 탄생한 저자를 가리켜 사람들은 '마지막 칼빈주의 메소디스트', '마지막 청교도', '20세기의 복음주의 지도자'로 부르기를 서슴지 않는다.

John MacArthur
존 맥아더의
구원이란 무엇인가

"행위로 네 믿음을 보이라"(약2:18)는 야고보와 "율법의 행위로 그의 앞에 의롭다 하심을 얻을 육체가 없나니"(롬3:20)라는 바울과의 긴장관계는 서로 모순된 것처럼 보인다. 그리스도인들은 지금까지 믿음과 행위의 올바른 관계를 규정하기 위해 노력해왔다. 바울은 "행위에서 난 것이 아니니 이는 누구든지 자랑하지 못하게 함이라"고 강조한다. 그러나 야고보는 "행함이 없는 네 믿음을 내게 보이라 나는 행함으로 내 믿음을 네게 보이리라"고 주장한다. 저자는 겉으로 나누어지는 것처럼 보이는 두 개의 성경 진리를 하나로 엮으며 조화시키고 있다. 단순히 율법과 복음을 설명하는 책은 아니다. 책의 전체적인 흐름은 '그리스도의 주되심을 부인하는 사람들'을 반박하고 있으며, 그리스도의 주되심만이 올바른 진리라는 것을 설명하고 있는 게 특징이다.

예수님은 나의 '구주' 이자 '주님' 이시다. 그리스도를 주님으로 받아들이기를 거부하는 자들은 그리스도를 구주로 삼을 수 없다. 그리스도를 받아들이는 모든 사람은 그리스도의 권위에 순복한다. 우리의 삶 전체를 다스리는 그리스도를 거부하면서 그리스도를 받아들였다고 말하는 것은 철저한 모순이다. 구원받은 사람이 한 손에는 죄를 붙잡고 다른 한 손으로는 예수님을 붙잡고 있는 것은 이치에 맞지 않다. 구원받았다고 주장하면서 여전히 죄에 속박된 자로 남아 있다면 대체 무슨 구원이며 어떻게 된 것인가. 저자는 특히 '그리스도의 주되심'과 '주되심을 부인하는 자들' 그리고 '주되심을 부인하는 급진적인 자들'에 관한 세 가지 관점을 비교하고(pp326-331) 세대주의와 주되심, 구원과의 관계, 과거로부터 현재에 이르기까지 칭의에 대한 루터의 주장, 믿음의 본질에 대한 칼빈의 관점, 청교도와 개혁주의 신학, 칭의와 성화에 대한 J.C.라일의 관점, 거룩함에 대한 스펄전의 관점, 조나단 에드워드, 무디, R.A.토리, 그리고 제임스 M.그레이의 견해, 복종에 대한 W.H.그리피스 토마스의 견해, 확신에 대한 H.A.아이언사이드의 견해, 그리스도를 따르는 것에 대한 A.W.토저의 견해, 주되심을 부인하는 복음주의에 대한 아서 핑크의 견해들을 하나하나 적나라하게 옮겨와 주되심의 구원만이 성경적이라는 것을 호소한다.(pp332-392)

책 속의 펼쳐진 단어만 보더라도 구원받은 사람과 거짓 믿음의 특징이 무엇인가 짐작하게 한다. '도덕 폐기론자, 값싼 은혜, 쉬운 믿음, 율법주의, 공로로서의 행위, 그리고 청교도, 거부할 수 없는 은혜' 등은 무엇을 말하려고 하는지 쉽게 알 수 있다. 아는 것과 행함은 다르다. 교회가 세상을 변화시키는 게 아니라, 세상이 교회에게 그러면 안 된다고 호소하고 교회가 변화되어야 한다고 가르치는 게 현실이다. 은혜로 구원 받고 행함으로 자신의 믿음을 보여주려고 하는 이들에게 큰 격려를 안겨주는 책이기도 하다. 익숙하지 않은 신학적 용어가 많이 나오는 게 흠이지만 용어사전이 뒤에 첨부되어 있어 다행이다. 그리스도인들이 부끄럽지 않게 사는 진정한 방법과 본질이 무엇인지를 알게 한다. 그러나 시종일관 책의 내용이 그리스도를 부인하는 자들과의 싸움 같아서 지루했다. 곡식과 가라지는 섞여있는 것이고 개는 짖어도 기차는 제 길로 떠나면 되는데 말이다. 그리스도인의 배타적인 모습은 복음자체가 배타적이기 때문이기도 하다. 그 대신, 복음을 맡은 자의 태도는 복음 외의 모든 것은 양보를 목표로 해야 한다.

John MacArthur
존 맥아더의
그리스도만으로
충분한 기독교

맥아더는 책의 제목에서처럼 "그리스도만으로 충분하다"고 12편의 주제 강의로 말한다. 사실 초대교회에서부터 지금에 이르기까지 사람들은 무엇인가 성경만으로는 조금 부족하지 않은가 생각해 왔다. 그래서 만들어 낸 것들이 "심리학, 실용주의, 신비주의 형태로 부활한 영지주의, 자유주의, 금욕주의, 율법주의, 마케팅, 엔터테인먼트 등이다." 이런 문제에 자유한 교회는 없을 것이다. 개 교회 나름대로 알게 모르게 모두가 합리적인 이유를 댈 것이다. 맥아더의 시대에 적절한 지적이라고 생각한다.

"손에 키를 들고 있으면서 외부에서 키를 찾는 사람은 옳은가. 신자는 구원 받는 순간 그리스도 안에 있고 그리스도도 신자 안에 있으며 성령님도 신자 안에 거하신다. 그러므로 그리스도인이 곧 '성령의 전'이다. 복음은 모든 믿는 자들에게 구원을 주시는 하나님의 능력이다. 초대교회는 대체 어떻게 오늘날 우리가 가진 전문지식도 없이 교회구실을 했을까? 이는 하나님의 말씀과 성령의 능력이 전부였다. 바울은 고린도전서 1장 18~21절에서 "하나님께서 전도의 미련한 것으로 믿는 자들을 구원 하시기를 기뻐하셨도다."라고 했다. 바울은 정적주의와 경건주의자도 아니었고 완벽하게 균형 잡힌 그리스도인이었다. (pp201-208) 바울의 "두렵고 떨림으로 너희 구원을 이루라"는 말씀은 성화를 향한 올바른 근심을 말한다. 하나님이 신자 안에 거하신다는 것은 기독교 특유의 교리다. (고후6:16-17) 바울은 거룩한 불만족과 열망으로 가득 찼다. (롬7:24) 그리스도의 충분성에 대한 영광스러운 진리는 첫째, 사탄은 이미 패배한 적이며(골2:15, 벧전3:22) 둘째는 영적 전투에서 넉넉히 이겼다는 사실이다. (롬8:37) 마지막으로 주님께서는 우리를 위해 그 값을 이미 완불하셨다." (pp21-270)

성경은 갈보리에서의 구속을 성취했을 때 '다 이루었다'고 선언했고 구원 사역은 이 때 완성되었다. 그럼에도 불구하고 신학은 점점 인본주의적으로 변해온 게 사실이다. 초점이 하나님에게서 사람으로 옮겨졌다. 사람들의 문제와 상담이 예배와 전도를 대신하여 많은 교회의 주요 프로그램이 된 것도 사실이다. 심지어 복음주의 교회라는 곳에서도 심리학에 홀려 있고 많은 교회들이 설교와 예배보다 엔터테인먼트를 더 강조하며 세속적인 관심사에 호소하는 것을 본다. 모든 문제에 충분한 영적인 원천과 생명과 경건에 속한 모든 것을 상속받았다는 진리에 충실하기보다는, 마치 그리스도만으로는 무엇인가 부족하다는 듯 다른 것을 찾아 헤맨다. 이때야말로 "인자가 세상에 올 때 믿음을 보겠느냐?"라는 질문이 옳을 듯하다. 하나님을 말로 설명하는 이가 있는가 하면 느끼게 하는 이가 있다. 그리스도인은 복음을 아는 만큼 그 복음을 실천하는 일이 매우 소중하다. 그것은 억지가 아닌 몸에서부터 배어 나오는 것이라야 한다.

John MacArthur
존 맥아더의
값비싼 기독교

"받아들이기 쉽고 구도자 중심적인 복음은 없다. 오직 진리만 있을 뿐이다. 복음을 좀 더 인기 있고 매력적인 것으로 만들기 위해 희석시켜서는 안 된다. 이런 사람이 있다면 그는 청중을 영원한 형벌에 이르는 길로 인도하고 있는 지도 모른다. 많은 사람이 단지 예수님은 자신들을 부요하고 행복하게 해 주시기만을 원한다. 그러나 예수 그리스도는 개인적인 문제의 해결사가 아니다. 예수님께서는 구원자이며 거룩하신 하나님의 진노를 가라앉히고 인류의 죄를 용서하기 위해 고통가운데 죽으셨다. 예수님을 믿는 믿음은 예수님이 요구하시는 어떤 희생이라도 기꺼이 감수하려는 마음을 요구한다. 기독교에 대한 엄숙한 진리는 한없이 귀하다. 신실하게 그리스도를 따라야만 얻을 수 있는 풍성하고 영원한 생명이 그 보상이다." 맥아더가 말하고 있는 위의 내용은 12편의 주제에 대한 핵심이다. 지금까지의 복음전파의 확산은 놀랄 만하다. 거의 땅끝을 통과했다. 이런 모습과는 달리 복음의 무한한 가치와 지불해야 하는 비용은 잊은 채 너무 헐값처럼 취급되는 게 아닌지 뒤돌아보게 한다. 복음은 결코 공짜나 헐값이 아니다. 복음은 값비싼 진주와 같다. 그 진주를 발견한 사람은 전 재산을 팔아 진주가 묻혀 있는 그 밭을 산 사람과 같은 것이다.

저자는 고객만족을 추구하는 마케팅교회의 잘못된 거짓을 고발한다. 진정한 복음은 좁은 문이고 나를 높이는 게 아니라 죽이는 것이며 잃어야 하고 죽어야 산다는 자기부인이 핵심이다. 메시지 안에는 '십자가' '죄' '지옥' 그리고 '예수님'이라는 기본적인 용어가 사용되지만 이런 것이 거절되고 있다면 아무리 고객만족을 추구하더라도 고객을 기만하는 행위라는 것이다. 바울의 경우 자신이 가진 '백그라운드'를 버리고 '십자가'만 자랑하기로 작정했다. 복음을 전달하는 도구가 복음보다 더 가치 있게 보여선 안 된다. 복음은 타협이 불가능하다. 예수님이 어떤 분이신지 아는 순간 진정한 나의 모습을 알게 되는 게 아닌가?

복음은 배타적이며 예수님은 유일한 길이다. 인간에게 선택의 여지가 없다. 그러기에 복음은 홀로 통과해야 하는 매우 외로운 여행이며 좁은 문이다. 목적을 위한 수단이 아무렇게나 정당화되어서도 안 된다. 가벼운 복음 전도로 거짓된 구원의 확신을 주고받는 사람들을 믿지 말아야 한다. 그리스도인이 되는 것은 쉬운 일이라고 말하는 사람을 믿어선 안 된다. 그리스도인은 자신이 주인이었던 삶이 그리스도가 '주인'으로 바뀐 상태다. 참 제자의 특징은 가족까지도 우선순위에서 밀어내야 하며 날마다 자신의 십자가를 진다. 참된 그리스도인은 그리스도를 닮으며 그 열매가 입증한다.

가롯 유다의 경우 대중들을 의식했고, 초자연적인 매력에 매료되었으며 땅의 일을 우선시했고 자신이 원하는 것을 요구했으며 돈궤도 맡았다. 그는 신령한 진리에 대한 이해와 구원에 대한 갈급함도 없었다. 우리 모두는 가끔, 유다를 닮지 않았는지 뼈아픈 기독교 역사를 뒤돌아볼 필요가 있다. 무엇보다 핵심적인 문제는 성경으로 돌아가는 일이다. 성경의 구원론은 포용적인 게 아니라 배타적이다. "아버지께서 내게 주시는 자는 다 내게로 올 것이요."(요6:37) 인생은 덧없다. 사전 경고 없이 눈 깜짝 할 순간에 모든 게 끝난다. 그래서 때를 얻든지 못 얻든지 '전도' 해야 한다.

복음은 값으로 환산될 수 없다. 가끔은 '공짜' 라는 유혹으로 전달되기도 하지만 세상에서도 '공짜' 란 건 없다. 이처럼 저자는 복음의 가치가 헐값에 취급되는 것이 마땅하지 않다는 걸 호소한다. 저자는 강단에서 복음의 본질이 왜곡되고 훼손되어 오고 있는 현실을 지적했다. '어른' 이 되고 나면 나를 책망하고 바로잡아주는 스승이나 부모도 없는 방치된 '아이' 와 같을 때가 있다. 이런 때 일수록 성경으로 돌아가 복음의 본질을 되돌려야 하는 것이 우리 모두의 일이다. 이것은 복음으로 사는 삶이 무엇인지를 매 순간마다 자신에게 질문하는 훈련이 필요하다.

무엇이 다른가

프랭크 바이올라의 『**이교에 물든 기독교**』 · 레이 윤겐의 『**신비주의와 손잡은 기독교**』
Frank Viola   Ray Yungen

옥성호의 『**엔터테인먼트에 물든 기독교**』 · 『**마케팅에 물든 기독교**』 · 『**심리학에 물든 부족한 기독교**』

박용순의 『**기독교 세상의 함정에 빠지다**』

윌리엄 피터슨과 랜디 피터슨의 『**20세기를 움직인 100권의 책**』
William J. Petersen   Randy Petersen

백금산의 『**큰 인물 독서법**』 · 『**책을 읽는 방법을 바꾸면 인생이 달라진다**』

한재술의 『**독서모임, 대답은 있다**』

프랭크 바이올라의
Frank Viola
이교에 물든 기독교

    책의 제목은 책 안의 내용을 하나로 집약할 수 있는 가방의 손잡이와 같다. 이 책은 세상의 기독교가 이교에 물들었다는 증거를 하나하나 제시한다. 그 증거로 질문과 답변, 후주와 서적의 목록도 상당한 페이지를 할애하고 있고 원본의 각주는 1,100개를 넘고 있다. (pp327-432) 그 만큼 공들여 설득하고 있는 셈이다. 두 명의 저자 중 하나인 프랭크는 유기적 선교교회 운동의 영향력 있는 대변자이고, 조지는 영화, TV프로그램, 그리고 미디어 회사의 회장이다. 무슨 내용의 글인지에 대해서는 느낌이 각각 다르겠지만 현대교회의 부정적 견해나 교회의 문제점을 총체적 뿌리부터 지적한다. 이런 점에서 목회자의 필독서이기도 하다. 중요한 것은 내가 알고 행하는 그 뿌리의 기원을 확인 점검하고 저자가 지적하고 있는 부정적 견해에 반박을 하든지 긍정을 하든지는 자신의 몫이다.

    책의 겉장에 이 책은 300년 전에 나왔어야 했다고 하고, 옮긴

이는 50년 전이라도 나왔어야 한다고 적었다. 이 책은 원래『교회는 없다』란 제목으로 출판된 적이 있었다. 내용의 주제는 "오늘날 제도권 기독교에 교회가 있는가"하는 것이다. 수많은 예배당의 건물, 목사들과 교인들, 교단과 단체가 많은데 주인이고 머리이신 예수님과 그분 몸의 움직임은 왜 발견되지 않는가에 대하여 질문한다. 이 문제는 대부분 이교 문화에 흡수되어 접붙여진 것들이고 그것들이 한국에 직수입되었기에 진정한 의미에서 교회는 없다 라고 지적한다. "과거를 기억하지 못하는 사람들은 그것을 되풀이 할 운명에 처한다."고 서문을 열고 있다.

  목차를 보면 '우리는 성서대로 해 왔는가, 교회건물, 예배순서, 설교, 목사, 주일예배 의상, 음악사역자들, 십일조와 성직자 사례비, 침례와 주님의 만찬, 기독교교육, 신약성서의 재접근, 다시 봐야 할 구세주'로 구성되었다. 목록대로 모두 언급하기에는 역부족이고 대강 큰 것과 문제되는 것만 살펴보고자 한다. '가장 일반적으로 벌어지는 교회 가기 위한 준비로 주일아침의 소동, 정기 모임의 형태와 주님의 만찬.' 현대교회에서 벌어지는 이런 모습은 초대교회에서는 전혀 생소한 것들이라는 점, 성전 제사장, 그리고 희생제사는 예수님으로 완성되었고 주님은 그의 실체란 점, 신성한 장소와 물건의 등장, 교회 건물과 뾰족탑의 기원, 강대상, 회중석과 발코니가 생긴 역사적 근거를 지적하며 성전과 교회 성소라는 비슷한 이름을 부르는 것과 교회 건물 건축으로 열린 모임이 방해된다는 점, 건물을 신성시 하는 점 등이다. 이 내용을 좀 더 쉽게 말하면 집단 해산을 말하고 있는 것이다.

  예배순서는 신약성경에서 비롯되지 않았다는 점, 외모와 감정

재치로 다듬어진 설교는 주전 5세기의 교사와 괴변자였던 소피스트의 영향으로 설교로 인한 부정을 의미한다. 성서 전체에서 목사의 존재를 지지해 주는 구절은 단 한 개도 없다는 점(p164), 안수의 오류와 그리스 로마의 세속적인 데서 유래되었다는 성직자의 의상, 313년 밀라노 칙령 직후, 황제의 의식을 치르기 위해 음악으로 시작하는 로마의 관습에서 생겨났다는 성가대, 이 모두는 이교를 뿌리에 두고 있다는 점, 십일조와 성직자의 사례비, 희석된 의식들, 최초의 신학대학들, 이 외에 현대교회의 제도를 부인하는 형태로 적고 있다. 수용해야 할 부분도 많이 있지만 더러는 말도 안 되는 논증도 있다.

  지금까지 역사는 발전을 거듭해 왔다. 없었던 것은 필요에 의해 생겨난 것도 있다. 사람마다 각자의 소신과 의견은 70억의 인구 수 만큼이나 각각이다. 이 책은 제도권에 도전한 내용으로 반박의 여지가 많다. 바울은 "모든 것이 내게 가하나 다 유익한 것이 아니요 모든 것이 내게 가하나 내가 아무에게든지 제재를 받지 아니하리라. 그런즉 너희 자유함이 약한 자들에게 거치는 것이 되지 않도록 조심하라. 모든 것이 가하나 모든 것이 유익한 것은 아니요 모든 것이 가하나 모든 것이 덕을 세우는 것은 아니니 누구든지 자기의 유익을 구하지 말고 남의 유익을 구하라."(고전 6,8,10장)고 말한 점에서 제도권에 꿰어 매인 굴비가 된 교인들을 해방시키데 기여한 점은 가상하다. 그러나 절대적이고 유기적인 교회의 필요성을 강조한 나머지 현재의 기독교 제도를 부정하면서까지 극단적인 표현으로 논증되어진 내용은 반박 받아 마땅하다.

Ray Yungen
레이 윤겐의

신비주의와 손잡은 기독교

　최근 '부흥과 개혁사'에서 출간된 옥성호의 『심리학에 물든 기독교』와 박순용의 『기독교 세상의 함정에 빠지다』란 책을 읽었다. 이번에는 같은 출판사의 『신비주의와 손잡은 기독교』이다. 거의 비슷한 내용들이지만 주제는 공통적으로 '관상기도' 옹호자들에 초점을 맞추고 있다. 책의 내용을 확인하지 않았을 때는 대수롭지 않게 여겼던 '관상기도'였다. 저자는 관상기도의 위험을 보여주는 광범위한 증거와 문서들을 총동원하고 있다. 특히 이것들을 통해서 교회의 배교가 일어난다는 사실을 짚어 준다.

　관상기도를 추적하면 배후에는 뉴에이지, 영적 제자도, 영적 훈련, 신성한 공간, 명상, 침묵, 사막의 교부들, 요가, 지압, 자기계발에 사용되고 있는 원리, 이머징교회, 고대의 수련법, 미로 걷기 등 외에 수없이 동원되고 있는 것이 현실이라고 지적한다. 특히 기독교에 친숙한 『목적이 이끄는 삶』의 저자인 릭 워렌과 이머징교회를 예로 들었고 기독교에 잘 알려진 토마스 머튼과 나우

웬, 리차드 포스터, 베스 무어, 맥스 루케이도 심각하게 언급하고 있는 게 특징이다.

저자의 주장은 역사적인 증거와 문서들로 매우 설득력이 있다. 우선 미국의 가정에 한 두 권 정도는 모두가 소지하고 있는 릭 워렌의 책 『목적이 이끄는 삶』을 그 한 가지 '예'로 들어 보자. "모든 인간은 하나님의 피조물이다. 그러나 모두가 하나님의 자녀는 아니다. 하나님의 가족이 되는 유일한 길은 가족으로 거듭나는 것이다. 그러나 한 가지 조건이 있다. 예수를 믿는 것이다. 성경은 말씀한다. 너희 모두는 예수 그리스도를 믿음으로 하나님의 자녀가 된다."(p236) 저자는 워렌을 가리켜 "고도의 마케팅 방법과 죄, 회개를 강조하지 않는 물탄 복음을 써서 기독교를 판, 그리고 예배에 대한 난잡한 접근, 상담프로그램에 호소하는 세속 심리학을 부추기는 사람으로 평가하고 있다. 이 문제는 논의와 토론의 가치가 있지만 내가 시도하는 초점은 아니다."(pp236-237) 라고 기록하며 저자의 목적은 개인을 공격하는 것이 아니라고 한다.

이어 말하길 "영적 건강에 생사가 걸린 논란이다."(p237)라고 표현했다. 저자의 지적은 다음에 있다. 『목적이 이끄는 삶』의 11일째와 38일차에서 언급한 내용이다. 하나님과 친구가 되는 비결에서 '호흡기도'를 언급했다. (『목적이 이끄는 삶』 pp118-122) 이것은 관상적인 영성으로 '카르멜 수도회' 소속 수사였던 로렌스 형제 이야기를 예로 든 것이다. 로렌스 형제는 '하나님의 임재 연습' 이라는 책 이름 때문에 관상적인 저자들이 자주 인용한다. 여기서 릭 워렌은 이 '수사'를 소개하면서 에베소서 4장 6절이 괴상하게 번역된 뉴 센츄리 역본을 얼버무려 넣는다고 지적한다. 즉, "하나님은 온 세상을 다스리시고 어디에나 계시고 모든 것 안에 계시도다." 워렌은 이 오역을 바로 잡고 여기서 말하는 바 한 믿음으로 한 분 하나님 아래서 유일무이하게 그리스도와 연합한 교회 전체임을 경각시키지 않았다는 점(p239), 이런 점이 곧 뉴에이지에서 설명하는 한 중앙이란 점을 저자는 지적하고 있다. 이어, 릭 워렌은 "짧게 반복하라는 로렌스 형제의 조언과 호흡기도 즉 짧은 문장 혹은 문구를 골라서 종일 사용하라."는 점을 지적했고(p242), 이어서 "하나님의 임재 연습은 기술이다. 발전시킬 수 있는 습관이다."라는 점이다. 곧 '호흡기도'는 정당한 훈련인가를 질문하고 있는 것이다. 이것은 일종의 '최면효과'라는 점을 밝힌다. 이런 면에서 저자가 박식하다는 생각이 든다. 워렌이 최면을 사용하지 않았는데도 저자 스스로가 알려주고 있는 셈이다.

 책을 읽으면서 내 머리까지 복잡해졌다. 마치 릭 워렌을 키에 올려놓고 키질을 하는 기분이 들었다. 틀림없이 『목적이 이끄는 삶』에서 신학적으로 검증되어야 할 부분이 지적되었다고 믿는다. 그 부분을 걸러 내어 제거하는 것은 지당하다. 차라리 레이 윤겐에게서 감수를 받았더라면 어떨까 하는 기분이 들 정도다. 그러나 레이 윤겐의 지적에도 불구하고 그가 사용한 비평적 도구 사용법에 있어서는 미숙하고 지적 당해야 할 부분도 분명 있다. '잘못된 기독교 분별시리즈'를 읽으면서 어두운 기독교 세상에 등대 역할을 해 준 저자나 출판사가 고맙다. 앞으로는 조금 더 구체적이고 교회가 쉽게 적용할 수 있는 적절한 대응책을 내어 놓아야 할 것이다.

한국 교회에서 이머징교회나 관상적인 영성에서 돌이켜 '본질'을 찾게 한다는 것은 목회자 자신의 힘든 각고가 뒤따라야 할 것이다. 위에서 언급한 기독교화 된 예언기도, 땅 밟기, 춘추 대심방 제도의 기원, 찬양이란 이름으로 행해지는 기독교적인 춤, 주여 삼창, 주문처럼 외워 대는 반복기도, 시장경제와 심리학 도입 등이다. 더구나 포스트모더니즘의 예배 적용은 무엇이 진정한 기독교인지를 구분하기가 어려운 세상이 되었다. 성경으로 돌아가야 한다지만, 무엇이 성경으로 돌아가는 것인지를 '질문' 부터 각자가 해 봐야 하지 않을까 생각하지만 이 질문 자체도 비기독교적으로 비춰질까 조심스럽다. 다만 내가 행하고 있는 게 올바른지, 늘 고민하고 점검하는 태도는 중요하다. 목표가 좋으면 과정도 선해야 한다.

옥성호의
엔터테인먼트에 물든 기독교

저자인 옥성호는 목사도 아니고 신학교도 나오지 않은 일반인이다. 그런데도 전문가 못지 않은 글을 썼다. 저자는 『심리학에 물든 기독교』, 『마케팅에 물든 기독교』, 『엔터테인먼트에 물든 기독교』를 펴냈다. 놀랍다. 자신의 월급 전부를 책을 읽는데 투자한다고 들었다. 과거 옥한흠 목사님은 『평신도를 깨운다』라는 책을 펴내 기독교의 텍스트북 역할을 하기도 했었는데 아들인 옥성호는 아버지 못지 않은 기독교 시리즈 3권을 세상에 내 놓았다. 책을 읽으면서 피는 속일 수 없다는 생각을 여러 번 했다. 이런 솜씨로 기독교 소설을 쓴다면 얼마나 좋을까 생각했다. 책의 내용도 반박을 위한 반박이 아니라면 거의 반박할 수 없을 만큼 논리적으로 한국교회에 만연된 비기독교적인 실상을 파 헤쳤다.

엔터테인먼트에서는 교회에서 사용하고 있는 음악, 록, CCM에 대한 구체적인 영향과 문제, 그리고 어떻게 회복해야 할지 적고 있다. 다음은 내용에서 음악에 대한 전반적인 부분을 간추려보았다.

"소리의 위력은 실로 상상을 초월합니다. 중세의 수도원에서는 웃음이 금지된 곳들도 있었습니다. 특정 음악이 금지되기도 했습니다. 군대를 다녀온 사람들은 군가를 부르는 순간 그곳의 모습을 떠올립니다. 음악은 힘이 있습니다. 음악에는 긍,부정이 모두 있습니다. 록은 일정한 코드의 패턴과 강한 비트 짧은 멜로디와 리듬, 그리고 단순한 가사로 반복되어 있습니다. 끝없는 반복과 귀를 찢는 소음으로 대표되는 록이 '찬양'이라는 이름으로 교회 안에 들어와 있습니다. 찬송가의 특징은 정박 위주의 일정한 멜로디의 리듬을 가지며 마디 중심의 수평적 화성이 아니라 선율 중심의 수직적 화성 중심이며, 여러 절로 된 가사로 되어 있고 함축적이고 상징적인 표현이 많으며 하나님의 속성과 사역을 정리하여 가르치고 선포하는 가사가 많습니다. 가스펠 송은 주관적이고 개인적입니다. 나에 대한 가사가 주류를 이루고 있습니다. 복음성가는 '내가 구원 받은 후 무엇을 어떻게 느끼게 되었는가'의 내용입니다. 찬송가가 말씀을 풀어내는 강해설교로 비유하면 복음성가는 간증이라고 말할 수 있습니다. 워십송의 음악적 형태는 인간을 흥분시키는 록에 의존하고 있습니다. 록은 감정에 취해 있으면서 '나는 지금 하나님을 높여드리고 있다'라는 자기도취에 빠질 가능성이 더 높습니다. 1990년대부터 정체된 한국교회의 숫자적 정체를 타파하기 위한 대안으로 '찬양예배'와 '워십송'이 그 중요한 수단으로 쓰이고 있습니다. 워십송과 CCM사이의 차이는 워십송이 인도자와 회중 전체가 함께 부르는 찬양이라면 CCM은 가수 공연을 위한 곡입니다. 둘 사이의 공통점은 워십송과 CCM 모두 록을 음악적 기반으로 하고 있습니다."(pp37-80)

다음은 CCM 옹호론에 대한 반론이다. 저자는 이런 의문을 품는다고 말한다. "듣는 사람으로 하여금 흥분과 성적 흥분을 유발하는 호르몬이 나오도록 하는 음악을 어떻게 교회에서 찬양이란 이름으로 연주할 수 있습니까?" 옹호론자들의 "성경에 구체적으로 금지하지 않았으니까 무엇이라도 괜찮다."라는 주장은 잘못되었다는 것이다. 전통적인 찬송가도 당시에는 CCM이었다는 주장에 대해서도 마찬가지다. 신앙의 선배들이 처한 당시의 상황을 이해할 필요성이 있다. 중요한 것은 가사지 음악 스타일이 아니라는 주장에 대해서도 동의할 수 없다. 모든 예술 작품과 미디어는 힘이 있기 때문이다. 찬양을 통해 하나님의 말씀을 깨닫고 가르침을 받아야 하는데 록의 특징 중 하나는 반복이다. 우리의 건강한 정신에 최면효과를 일으켜 사탄의 도구로 전락시킬 가능성이 있기 때문이다. CCM 가사의 핵심은 하나님이 아니라 나를 향하고 있다. 한국형 CCM의 현실은 귀에 걸면 귀걸이 코에 걸면 코걸이로 전락되었다. 흥분과 몽롱함과 최면이 하나님의 임재의 형태는 아니며 가장 중요한 것은 자신이 '죄인'이라는 걸 알고 엎드려 죄를 고백하여 하나님을 만나는 것이다. 우리는 흔히 교회에서 "은혜 받았습니다."라는 말을 듣는다. "나 은혜 받았어요. 신학교 갈래요." 이런 말은 많이 듣는데, 이런 말은 듣기 어렵다. "나 은혜 받았어요. 더 열심히 공부할래요. 나 은혜 받았어요. 이제 더 열심히 일할래요."(p344).

더 많은 내용들이 있지만 여기까지만 적어야 겠다. 한 마디로 말한다면 음악이 하나님을 찬양하는 곡이 되어야 하는데 인간중심이 되고 있고, 인간중심이 되다 보니 하나님을 섬기기보다는 자기를 섬기는 것으로 전락되었다. 신앙생활에서 가장 악이 '자기중심'이다. 이것은 하나님을 대신하는 행위이며 우상이다. 책의 내용에 모두 동의할 수는 없지만 목사들의 권위와 강단 권이 다른 이들에게 양도되는 모습은 현저하다. 복음만으로 충분한데도 복음의 능력을 상실하고 CEO 간증에 내어주고 워십 음악이란 이름으로 강단을 통째로 빼앗기고 있는 게 현실이다. 물론 음악을 통한 최면이나 흥분이나 몽롱함을 통하여 교회로 인도되는 예가 하나도 없다라고는 볼 수 없을 것이다. 단지 목적이 선하면 과정도 올바르게 해야 옳은 것이다. 나는 이 책과 저자에 대해서 비판을 해야 한다는 생각은 없다. 단지 "하나님은 선하시다."라는 점을 강조하고 싶다. 선하신 하나님은 악도 선용하시어 자신의 일을 그르치는 법이 없다는 것이다. 이 책의 내용은 지상에 있는 모든 교회들에게 근신과 경고를 주기에 충분하다. 저자가 예를 들었듯이 심한 영어의 잡음 속에서 아주 세미하게 들리는 '한국의 말' 처럼 이 책은 혼란한 기독교 안에서 무엇이 복음인가를 듣게 하려는 저자의 의도가 순수하게 나타난다.

옥성호의

마케팅에
물든 기독교

　백금산은 저자를 추천하는 글에서 3가지를 지적한다. "이 책은 화제성과 충격성 그리고 전달 면에서 파격적이었다."라고 말한다. 그것은 저자의 3형제 중 단 한 사람도 목사가 안 된 것만으로도 한국교회에 공헌을 했다는 고백이며, 심리학에 물든 기독교를 '벌거숭이 임금님'으로 만든 데 있고, 평범한 직장인이 몽둥이를 들고 가차 없는 비평을 가했다는 점이다. 장신대 맹용길 총장은 "필자는 본서를 읽고 오늘의 한국교회에 올 것이 왔구나 생각을 하면서 저자에 감사한다. 기성세대가 잠잠하니 하나님께서 저자를 들어 하나님의 위치를 다시 찾으시는 소리로 들었다."라는 평을 썼다. 저자의 아버지는 사랑의 교회 옥한흠 목사다. 아버지를 닮았는지 내용을 논술하고 펼쳐나간 데 있어서 거의 달인이다. 단어선택이나 문장 구성 면에서도 흠을 잡지 못했다. 특히 기독교의 우상일 만큼의 책, 『목적이 이끄는 삶』의 저자 릭 워렌과 빌 하이벨스, 두 목사에 대한 비평을 가했다는 점에서 기독교의 심장부분이 찔렸다는 느낌을 주었다.

저자가 공부한 내용이 MBA다. 그는 교회를 경영학의 시각에서 보고 느끼고 체험한 내용을 정리했을 것이라는 상상을 해 보았다. 문제는 저자가 복음의 내용을 교회 내에서 들은 것이 아니라 '로이드-존스'의 교리공부를 통해 구원 받았다는 고백이다. 이 고백에는 수많은 상상을 낳게 한다. 우선 옥한흠 목사 자신이다. 수많은 사람을 제자화 했고 평신도를 깨웠지만 자녀들에게는 복음을 가르치지 않았는가 하는 점이다. 절대 그런 실수는 없었겠지만 말이다.

저자가 비평한 내용을 다시 비평으로 맞대응할 수 있는 부분도 있다. 단지 어느 정도 심각한가가 문제다. 주변에서 수없이 들어온 내용들 가운데 '꿈대로 된다', '말한 대로 된다' 는 심리학에서 나온 것들이기도 하지만 개인적으로 적용할 가치 있는 주제들이다. 거꾸로 말하면 심리학이 성경을 이용하고 적용할 수도 있었던 것이다. 저자는 기독교가 잘못 걷고 있는 작은 부분까지도 되돌리고 싶어한다. 과연 어떤 것들이 교회를 부족하게 하고 있으며 마케팅에 물들게 했는가 그 대답은 심각하다.

마케팅 전문가는 교회가 성공하기 위한 비결로 9가지를 제시한다. '유능한 지도자, 효과적인 교회조직, 의미 있는 성도들의 교제, 참된 예배, 전략적인 복음전도, 조직적인 신학교육, 청지기 정신, 사회봉사, 가정 사역'(pp46-47)을 꼽았다. 사람들이 교회를 멀리하는 이유를 조사했다. '교회는 돈만 밝힌다. 예배는 언제나 똑같고 지루하고 축 늘어졌다. 설교는 현실과 거리가 멀다. 목사는 성도들을 죄인으로 만들어 놓는다. 그래서 교회에 가면 내가 죄진 사람이 된 기분이다. 교회는 냉정하고 불친절하다. 바빠서 교회 갈 틈이 없다.'(p49) 이처럼 경영학으로 보면 교회는 분명히 마케팅 전략이 있다. 즉, 복음이라는 상품을 통해 사람들의 필요를 채우는 것이 된다. 그렇다면 복음이 상품인가 라고 질문하면 그 대답은 쉽지 않을 것이다.

조금 더 이해하자면 우리 곁에 있는 '포스트모더니즘' 과 '실용주의' 사고다. 포스트모더니즘이 절대 진리를 파괴했다면 실용주의는 하나님의 주권이 인간 중심으로 바뀌게 하는데 공헌을 했다. 예배 하나만 보더라도 그 중심이 하나님께인가, 인간에게인가를 가만히 관찰해 보면 알게 된다. '포스트모더니즘' 과 '프래그머티즘' 적인 사고가 수많은 인간 중심의 간증집회와 예배를 만들어냈고 사람 중심의 다양한 음악을 수용하게 했다는 점이다. 더 나아가 영적 부흥에 대한 시각이 사람의 머리 숫자 주의로 변하고, 종교적 경험을 신학의 출발점으로 삼고 자유주의와 근본주의를 낳게 했으며, 크리스천의 정의를 성경의 가르침과 관계없이 너무 넓어지게 만들었고 관용과 은혜를 혼돈케 했으며, 좋은 것만 취하다 보니 특색 있던 교파의 담도 무너지고 반드시 필요한 '교리' 까지도 사라지게 했으며, 사람 모이게 하는 방법만이 넘쳐나게 되었다. 교회는 마치 커다란 '뷔페식당' 이 된 듯하다. 이제 교회는 복음을 상품으로 인식하게 되었고 고객만족이 우선이다. 교회의 핵심이 죄와 지옥의 문제를 해결하는 것인데도 불구하고 들여다보면 교회 안에 죄와 지옥은 제거되고 예수님이 서야 할 자리를 서서히 빼앗기고 있는지 관찰해 볼 일이다.

거두절미하고 릭 워렌과 빌 하이벨스로 결론을 맺고자 한다. 과연 이들 역시 '마케팅 교회인가?'라는 점이다. 저자의 결론은 '그렇다'이다. 이들이 마케팅에 물들었다면 세계교회의 우상인 '새들백'과 '윌로크릭'을 포함하여 교회들의 심장에 화살을 꽂은 셈이다. 중요한 것은 어느 시대나 십자가의 복음을 바로 지키려는 사람은 많지 않았으며, 하나님의 거룩하심을 쫓는 대신 그의 영광을 실종시키고 있었다. 워필드는 다음과 같이 상기시킨다. "지키기 위해 싸우지 않는 진리는 믿는다고 고백할 가치도 없는 진리다."라는 것이다. 자신이 지닌 진리가 그 만큼 가치가 있기 때문에 피 흘리며 싸우는 것은 당연하다.

많은 분량의 내용을 한 마디로 요약한다면 "수단이 목적을 대신하고 마케팅에 물든 기독교가 복음을 최우선 순위로 회복하고 하나님 편에 서야 한다는 것이다." 저자의 글은 내용도 좋지만 논술적 가치로도 매우 탁월하다. 하지만, 이 책에 대한 반론도 나와야 한다는 생각은, 십자가의 복음 외에는 세상에 어느 것도 완전하지 않기 때문이다. 하나님은 악도 선용하시며 자신의 이름을 위해 의의 길로 인도하시는 전능자이시다.

옥성호의
심리학에 물든 부족한 기독교

한국의 기독교가 빠른 속도로 전파되었고 양적 성장을 이룬 게 사실이다. 세계적인 발전이다. 하지만 객관적으로 보면 질적으로는 무언가 불안하고 유행성에 민감한 게 한국 교회라는 것을 어느 누구든 인정한다. 저자는 이 점을 파악하고 본 것이다. 교회가 자신이 몸담고 일하고 있는 '비즈니스'와 별 다른 게 없다는 생각을 지니고 있는 듯하다. 즉, '심리학과 경영학, 엔터테인먼트'에 빨갛게 물들었다는 말이다. 사실 '성경적 기독교'가 되어야 할 터인데도 불구하고 성경에서 빗나가고 있는 것이다.

책에서는 다음과 같이 언급한다. "첫째, 심리학이 과학이 될 수 없으며 오히려 하나의 종교라고 밝힌다. 둘째, 교회가 '심리학'을 교회 안으로 끌어 들인 이유는 심리학을 과학으로 오인했기 때문이다. 원래부터 기독교 심리학이란 존재 할 수 없고 일반 심리학과 동일하다. 셋째, 심리학의 본질은 인간 중심적이지만 성경은 전적인 부패와 타락을 주장한다. 그러므로 심리학은 반 기독교적이다.

넷째, 오늘날 심리학은 자기사랑, 긍정적 사고 방식, 성공의 법칙이라는 가면을 쓰고 교회 내에서 활동하고 있다. 다섯째, 기독교는 성경만으로 충분하다."(p329-332)

그가 주장하고 있는 '심리학에 물든 부족한 기독교' 라는 제목과 내용은 상당한 설득력이 있다. 파장도 우려된다. 그는 부모 밑에서 교회를 다녔지만 20대 후반에 기독교는 '코미디' 라는 결론을 내리고 관심을 끊었다고 고백한다. 40년 가까이 교회는 다녔지만 거듭나는 것에 대해서는 '확인'을 못했다고 한다. 그 후, 2006년 1월 로이드-존스 목사의 교리강좌 시리즈를 읽던 중 예수 그리스도를 믿고 크리스천이 되었다고 소개한다. 조금 특별하다는 생각이 든다. 신학교를 나오지 않았지만 책을 통해서 기독교에 대한 내용과 교리를 알게 되고 개인적으로 공부한 모습이 역력하다. 이것은 가능한 일이다.

그가 비판의 대상에 올려놓은 저자들은 다음과 같다. 기독교 상담가인 데이비드 시먼스의 『상한 감정의 치유』, 게리 콜린스의 『왜 그리스도인이 상담을 받아야 하는가』, 정태기의 『숨겨진 상처의 치유』, 주서택·김선화의 『내 마음속에 울고 있는 내가 있어요』, 릭 워렌의 『목적이 이끄는 삶』, 조엘 오스틴의 『긍정의 힘』, 그 외 빌 하이벨스, 융의 『집단 무의식 이론』, 에릭 프롬, 칼 로저스, 노먼 핀센트 필, 로버트 슐러, 나폴레온 힐, '힌두교의 만트라', '남묘호렝게교', '뉴에이지', '기독교 안의 반복해서 하는 주문형식의 기도들', 박필의 『당신의 말이 기적을 만든다』, 나관호의 『나는 이길 수밖에 없다』 등이다. 저자의 주장대로라면 한국의 대형교회를 맡고 있는 대부분의 목회자들이 심리학에 물들었다고 봐야 한다.

　이 책을 읽으면서 일정 부분 긍정적인 박수를 보냈다. 하지만 자동차의 '브레이크' 정도로 '경고성'이어야지 근본 자체를 흔들어 대는 저자의 의도에는 찬성을 할 수 없었다. 그 이유는 다음과 같다. 첫째, 저자는 40년 가까이 '비기독교적'이었다지만 다른 사람과 달리 좋은 환경의 부모 밑에서 교육받아 오늘에 이르렀다. 자신이 성장한 과정과 근본을 잊은 채, 하나님만이 할 수 있는 비판의 기준을 너무 높게 잡아 모든 사람을 '장애인'으로 만들어 버리는 오류를 범할 수 있다는 점을 놓치고 있다. 둘째, 저자는 개인의 사고와 주장, 책의 내용만을 가지고 비교분석 비판 했어야 하는 데도 불구하고 그 주변 인물까지를 싸잡아 비판 대상에 합류시켜 언급하므로 '자타'의 '구분선'이 애매하고, 본문 내용에서의 '본질'을 왜곡시키고 있다. 셋째, 복음을 전할 때는 반드시 '도구'가 필요하다. 그 '도구'는 '심리학과 마케팅, 엔터테인먼트'가 될 수 있다는 점을 저자는 부정하고 있다. 사탕 한 개를 얻어먹으러 갔다가 예수님을 알게 되는 수도 있다. 즉, 수단이 목적으로 변질되어 버릴 때 위험하지만 본질의 상품을 보호하고 전달하기 위해 포장한 것까지 부정해선 안 된다는 생각이다. 넷째, 저자의 주장과 비판이 한국교회를 향한 신선한 '충격'이 되었으면 한다. 최고의 바람이고 희망이다.

　그럼에도 불구하고 책을 읽으면서 내내 생각은 이것이었다. 지상에 살고 있는 70억이 넘는 인간 하나 하나는 고귀한 주님의 사랑의 대상이란 것이며, 주님은 만물보다 거짓되고 부패한 인간에게 찾아와서 자신의 몸을 찢으셨다. 그 결과로 오늘의 교회가 탄생되었다. 지상에 남아있는 많은 사람 중에 훌륭한 작가도 많고 좋은 글을 남긴 사람도 많다. 그러나 아직까지 좋은 '비평가'나 좋은 '평론가'로 이름을 남긴 사람은 들어 본적이 없다. 비평이나 판단은 그만큼 어려운 일이다. 그런 면에서 저자는 참으로 큰일을 해냈다.

박용순의
기독교
세상의 함정에 빠지다

　말씀에 대한 진리 왜곡 현실을 역사적 배경과 함께 적은 내용이다. 저자는 현재 담임목사로 재직 중이다. 이 책을 쓰는 목적은 '균형을 잃지 않도록 돕기 위해서'라며, '균형을 잃는 것을 경계하라'는 부탁을 적었다.(p262) 현재 많은 교회들은 균형을 잃었고 스스로 빠져 나올 수 없는 위치에서 발버둥거리고 있다고 한다. 시대적 왜곡현상을 차분하게 보여주고 있다. '역사 속의 배교와 그 배경, 배교를 부추기는 세상, 진리 왜곡의 포문을 연 계몽주의, 왜곡을 보편화하고 있는 포스트모더니즘, 심리학, 실용주의, 신비주의와 플라톤의 에로스 추구, 복의 체험 추구, 영성의 왜곡, 종교다원주의' 등을 질서 있게 논증하고 있다.

　실제적인 내용을 보면 어느 누구도 반대할 수 없는 심각한 위기의 것들이다. 구체적인 예를 들어보자. "마케팅을 통한 성공을 추구하는 교회의 목회자들, 포스트모더니즘적인 교회와 목사들이 상대적으로 큰 목소리를 내고 있고 심리학과 실용주의 철학사상에 근거한 신비주의가 판을 치는 게 오늘의 현실이다. (p362) 이젠 치유와 복이 기독교의 핵심가치가 되었고, 성경과 예수 그리스도라는 공통분모만 있으면 그 나머지 부분에야 어떻게 되든 다양성을 수용하는 기독교다. 이것은 성경적 하나님이 아닌 다른 하나님을 표현하는 종교다원주의와 포괄주의를 따른다. 이런 의미에서 기독교의 날카로운 모서리를 잃거나 최소한 잃은 것처럼 보인다." (p346) 특히 종교다원주의에서는 '산'의 비유를 말한다. 등산을 하여 정상에만 도착하면 그만이다 라는 이론이지만 기독교는 '산'이 아닌 '문'의 비유를 들고 있다는 점이 다원주의와 전혀 다르다.

 "최근 포스트모더니즘의 현상은 모든 틀을 깨버렸고 지나친 개인주의, 사유화 된 지식, 치유에 대한 관심, 신비주의에 대한 열심, 실천적인 습성과 반제도적인 경향, 동양을 동경하는 성향, 실제를 조립하는 태도와 의욕적인 정신 등이 그 예이다."(p313) 이러다 보니 하나님 중심이 아닌, 나를 목적으로 하는 영성으로 변질되었고, 자아실현과 자기계발 등을 참 지식으로 여기게 되었다는 것이다. 이런 현상은 교회 안에서 일어난 게 아니라 교회 밖에서 일어났던 것을 교회 안으로 끌어 온 것이다. 이처럼 교회가 교묘하고 다양하게 섞이게 되고 혼합되었다는 것이다.

 교회는 이제 진리가 무엇인지조차 혼란스러워졌다. 시장원리에 따라 고객중심이 되었다. 고객을 만족시키기 위해 코미디언과 연예인을 강단에 세워야 한다. 옷도 자유복으로 갈아입고 음악도 자유분방하다. 심리학을 교회서 강론하기 위해 치유목회를 적용해야 했다. 교회의 힘은 이젠 초대교회의 원리에서 벗어났다. 이제 사람이 얼마나 모이는 지와 헌금 액수가 중심이 되어야 하고 시스템 구비가 완벽해야 한다. 이것이 오늘날의 기독교다. 엔터테이먼트에 물들고, 심리학과 경영학에 물들어 있어 복음의 핵심을 심고 교육하는 교회가 사라지고 있다는 점이다. 하나님의 말씀인 성경으로 충분하다고 믿는 신자들이 점점 사라지고, 무엇인가가 첨가되어야 한다고 믿는 이상한 기독교로 변질되어 있는 것이다. 마치 초대교회의 이원론적인 사상을 보는 듯해 씁쓸하다.

본서는, 역사적 개념과 교회의 변질되어 가는 모습, 그리고 배교적 배경을 아주 상세하게 말하고 있다. 한편의 논문을 읽는 기분이다. 오늘 한국교회의 심장을 겨냥했다는 생각이 든다. 피가 철철 흐르고 있는 한국교회는 구급대에 실려 즉시 치료하지 않으면 죽음에 처할 수 있다는 마지막 선지자적인 경고와 같다. 저자의 날카로운 분석과 대응에 동의한다. 그럼에도 불구하고 교회역사는 그분의 섭리 속에서 이루어져 가고 있다는 것을 나는 믿는다. 저자는 지나친 '교리보호'를 강조한 나머지 개인의 주관적인 '신앙체험' 까지를 신비주의 또는 실용주의에 함몰시키는 우를 범하고 있지 않는가 싶다. 한 예로써 "찰스피니가 실용주의적인 생각과 원리를 기반으로 부흥운동을 주도했고, 1965년 풀러 신학교가 교회 안의 실용주의 확산을 주도하는 과정에서 피터 와그너가 기여하여 '번성신학' 이 등장했다"는 점이다. (pp141-142) 그러나 이들이 도구가 되어 오늘의 기독교는 꽃을 피우게 된 것을 잊어서는 안 된다. 그러므로 저자의 우려와는 달리 하나님은 자신의 복음을 전파하기 위해 악도 선용하신다는 것을 놓쳐선 안 된다. (창50

장) 이 책은 본질을 훼손하지 않고, 그리스도인들이 균형을 잃지 않게 하기 위한 저자의 애틋한 호소로 가득하다.

William J. Petersen Randy Petersen
윌리엄 피터슨과 **랜디 피터슨**의
20세기를 움직인 100권의 책

저자가 생각하는 '20세기 교회를 움직여 온 100권의 책'이다. 대부분 고전이면서 복음주의자들의 행적을 쫓고 있다. 어떤 책이든 한 권의 책 안에는 저자의 깊숙한 사고가 물씬 풍긴다. 왜 이 책을 기록했으며 기록한 배경은 무엇인가를 보게 된다. 100권의 책은 보수적인 그리스도인들의 모습을 담고 있기 때문에 더하다. 20세기의 100년 동안 연도별과 시기별로 소개되어 있어 당대의 주제와 관심, 그리고 문제들의 모습을 보는 듯하다. 뿐만 아니라 20세기의 주요 작가들이 누구인가 한 눈에 보게 된다. 하나같이 똑같은 사람은 없으며 다양하게 걸어온 사람들의 발자국을 보는 듯하다. 최근 오랫동안 베스트셀러의 목록이었던 헨리 블랙가비의 『하나님을 경험하는 삶』과 릭 워렌의 『목적이 이끄는 삶』도 첨가 되어있다.

대부분의 책이 국내 번역서로 나왔지만 32권은 아직 번역되지 못했다. 100권을 책 한 권에 소개한다는 건 무리다. 자칫 저자의 의도와 핵심을 놓치기도 해서다. 지금까지 영향을 끼쳐온 책이 이 것이라고 고집하기도 그렇다. 사람마다 그리스도를 경험하고 자 신이 변화된 과정과 영향을 미친 사람은 다르기 때문이다. 그러나 객관적으로 나타난 세기의 베스트셀러나 특별한 사람들은 어떤 모 습으로든지 드러나기 마련이다. 내용은 객관적인 시각에서 지금 까지 보아온 교회사에 나타났던 인물들이다. 단순하게 표현된 게 흠이지만 책과 저자의 인물을 소개한 데는 탁월하다.

한 인간이 살아온 과정은 독특하고 위대하다. 그것은 각자 다르 게 생각하고 다른 삶을 살았기 때문이다. 자신의 걸어온 삶을 글로 표현하여 다른 이들과 공유한다는 것은 아름답고 축복된 일이다. 20세기를 움직인 책이라지만 개인의 삶을 소개하는 평범한 내용들 이다. 나의 아버지와 어머니의 삶을 기록해 본다면 그 또한 대단한 일이 될 것이다. 나의 아버지와 어머니에 대한 내용은 『어머니의 서 명』과 『떫은 감나무』에서 적었다. 긍정적인 것도 적었지만 부정적인 가정사도 가감 없이 고백했다. 그렇다고 아버지와 어머니의 품격을 떨어뜨린 것도 아니다. 오히려 많은 사람이 감동을 받았고 인간의 삶이 그토록 처절하고 고통스러운 것은 마찬가지라는 공감도 얻었 다. 두 분은 마지막 순간 그리스도를 영접하고 그분 안에서 행복을 누리셨다. 자신의 사랑채를 개조하여 교회를 만들었고 4년여 기간 예배를 드렸다. 두 분은 이 세상을 떠나셨지만 자녀들에게 남긴 영 적 유산은 보배로 남아 있다. 20세기를 움직이는 강력한 스토리는 나와 독자 자신이 될 수도 있다는 생각을 해본다. 선친께서 평소 말 씀하시던 "네 영혼을 어디서 보낼 텐가?"라는 전도의 모토는 지금도 가슴에 살아 움직인다.

백금산의

큰 인물 독서 법

　책을 읽다 보면 책 안에서 또 다른 책을 만나게 되고 그 안에서 많은 인물을 만난다. 그래서 책은 사람이 만들지만 책이 또 사람을 만든다는 말은 옳다. 사람을 만나는 방법이 여러가지 있지만 책을 통해 만나는 게 가장 부담이 적다. 싫으면 읽지 않으면 되고 괜찮으면 선택한다. 책은 독자에 따라 각각 다른 반응을 나타낸다. 가끔 좋은 책과 나쁜 책이 있다는 것도 그래서 하는 말이다. 특히 개념이 없을 때 읽게 된 책이 영향을 끼치기도 하여 선별해 읽어야 한다.

　조지 뮐러의 경우 20세 이전에는 방탕한 삶을 살다가 20세에 회심했다. 그에게는 3번의 전환점이 있었는데 모두 책의 영향이다. 27세 때, 독일의 경건주의 대표인 프랑케의 전기를 읽고 하나님의 공급하심을 경험하기 위해 30년간 2천여 명의 고아들을 돌봤다. 30세 때는 존 뉴턴의 전기를 읽고 55세까지 일기를 기록하면서 하나님과의 교제를 꼬박꼬박 남겼다. 그는 20세에 회심했고 93세에 죽었다. 그런데 일기에는 5만 번의 기도 응답을 기록했다. 100년 이래야 고작 3만 6천 5백일밖에 안 되는데 5만 번이면 그의 일생 동안 하루 2회 이상을 응답 받았다는 기록이다. 35세에는 18세기 부흥사였던 휫필드의 전기를 읽었다. 뮐러는 책을 읽는데 그친 게 아니라 평생을 그 주인공의 말씀대로 순종하고 하나님을 경험하는 삶을 살고자 노력했다. 결국 책은 모든 사람에게 지대한 영향을 끼친다는 본보기다.

나의 경우, 전도지 한 장 안에 들어있는 예수님에 대한 복음의 내용을 보면서 내가 이 땅에서 어떻게 살아야 하고 무엇을 할 것인지를 생각했다. 그것이 초등학교 6학년때 일이다. 한 문장이 사람을 만든 경우다. 특히 책에는 저자의 사고가 들어있다. 신앙의 '전기'란 그래서 중요하다. 한 인물의 전기는 인생의 전환점이 되게 하고 신앙 성숙과 목표 설정에 영향을 끼치고 그 과정의 방법도 이끌어 준다. 이뿐 아니라 자기 점검은 물론 반성의 기준도 알게 한다. 무엇보다도 교회의 걸어온 길을 보게 되며 하나님이 어떻게 역사했는지를 목격하게 된다.

책을 읽을 때 중요한 것은 저자 자신에 대한 개인의 평가다. 사람은 누구든 장단점이 있다. 그를 너무 영웅시하거나 우상화에 빠져선 안 된다. 그도 사람이고 나도 사람이다. 한 인물을 자신과 비교하면서 자기보다 나은 점이 보이면 열등감에 빠지고 자신보다 못해 보이면 자칫 우월감에 빠지는 것도 조심해야 한다. 그러니 자신과 비교하는 것 자체가 일종의 교만인 셈이다. 타인의 장단점을 모두 적용하는 겸손이 필요하다.

결론 부분을 보면 된다. 이것은 책의 전체적인 내용 파악을 위해서다.

둘째, 분석독서로 철저하고 꼼꼼히 씹어서 완전히 소화 되도록 읽는다. 책의 내용을 파악하고 내 것으로 만들기 위해서는 우선 주제와 구조를 파악해야 한다. 책 전체의 중심사상이 무엇인가를 알아야 하며, 한 권의 책의 내용을 '하나의 문장'으로 요약할 수 있어야 한다. 하나의 단어로 요약하면 '중심단어' 혹은 '열쇠단어'이며 하나의 문장으로 요약하면 중심문장, 열쇠문장이 된다. 구조는 건축물의 설계도와 같아서 주택인지 도서관인지 체육관을 지은 것인지를 파악해야 한다. 주제와 구조가 파악되었다면 자기가 이해한 내용의 반응을 보여야 한다. 찬성과 반대를 표현할 수 있어야 한다. 책을 읽은 후 수용과 거부는 독자의 몫이다. 그러므로 초보자의 경우 책을 읽을 때는 의식적으로 주제와 구조는 무엇인가를 끊임없이 질문을 던져야 한다. 구조 파악과 주제 분석이 되면서 책의 내용이 나의 말로 이해되고 그 내용에 대해 찬반으로 변한다. 애들러의 독서법은 결국 귀납법적 방법으로 관찰, 해석, 적용의 3단계로 이어진다. 관찰을 위해서는 6하 원칙의 질문이 이어지며 문맥파악과 문법적 구문분석이 필수다. 해석의 단계에서는 역사적, 문학적, 신학적, 배경을 알아야 한다. 그러므로 배경에 대한 사전 지식이 없다면 그 문장의 해석은 불가능하다. 결국 해석이란 내가 알고 있는 내용으로 풀어 쓰는 것과 동일하기 때문이다. 내가 파악한 내용을 다른 사람에게 설명할 수 있어야 한다. 그러므로 분석 없이 제대로 된 지식을 얻는 것은 힘들다.

셋째, 종합독서로 하나의 주제를 가지고 여러 권을 비교하면서 읽는데 이것을 가리켜 '주제별' 혹은 '연역법적 독서'라 한다. 종합독서는 많은 책을 읽되 하나의 주제를 정하고 주제별로 읽는 것이다. 이것은 책과 논문 작성에 필요하며 하나의 주제나 사상에 체계적인 지식을 수립할 수 있다. 종합독서는 여러 책을 읽다 보면 문맥에 따라 한 단어가 여러 의미를 갖는 경우가 있다. 이럴 때, 단어의 의미는 문맥 속에서 결정된다. '종합독서'는 개관독서와 분석독서의 과정을 거쳐 완성된다. 분석독서로 상호 비교하고 그 중에서 공통점과 차이점을 발견한다. 그 공통점을 하나로 모으고 차이점을 발견하게 되면 비로소 그 속에서 '이해'가 탄생하게 된다.

　한 권의 책을 마스터 하는 것은 한 사람을 분석하고 찬반의 의사를 던지며, 시대를 초월한 멘토링의 관계와 같다. 그러므로 한 권의 책은 스승과 같다. 루터와 칼빈은 어거스틴을 스승으로 삼았고, 존 파이퍼와 로이드-존스는 조나단 에드워드를 스승으로 삼았다. 가능하면 한 주제에 대해 많은 책을 읽어야 하는 이유는 그 주제에 대해 넓고 깊은 지식을 얻게 되기 때문이다. 톨스토이가 『전쟁과 평화』를 저술하는 데 자료가 작은 도서관 하나 분량이었다. 지도자는 다양한 주제의 폭 넓은 독서를 우선으로 해야 한다. 알렉산더와 나폴레옹, 모택동은 책과 함께 평생을 살았다. 적어도 한 분야의 책을 100권 정도만 읽는다면 전문지식을 가지게 된다. 책을 읽는 것은 운전기술과 같아서 읽을수록 수월해진다.

　끝으로, 개인의 독서 능력은 "이것과 저것의 그 '차이'를 구분

할 줄 아는 능력"에 있다. 즉, 개관Survey-〉질문Question-〉읽기 Read-〉암송Recite-〉복습Review('SurveyQ3R')으로 축약된다. 첫째, 책의 제목과 소제목 전체 글의 윤곽을 파악하고, 둘째, 주제와 논지에 대해 스스로 질문해 보고, 저자의 의도를 파악하기 위해 행간과 반복 문장에 주목한다. 셋째, 머리 속으로 전체 내용을 그려보고 중요 내용을 다른 자료를 통해 비교해 본다. 넷째, 독서 내용을 다른 주제와 연관시켜 기록하고 관련된 텍스트와 새롭게 발견된 문제점을 파악한다. 다섯째, 글은 필수적인 어휘로 명료하게 표현하되 고차원의 사유와 지식이 포함되어야 한다. 여섯째, 자신도 확실하게 모르는 개념을 쓰는 것은 문장 자체를 어설프게 만든다. 모르는 것은 자제하고 아는 것만 써야 한다. 마지막으로, 자신에게 다음과 같이 질문을 해본다. 다른 텍스트와 상반된 주제나 스타일이 있는가? 텍스트의 주제가 현재화 하고 있는가? 즉, 인물이나 상황이 제시하는 사회적 개인적 주장이 구체적이고 실제적인가? 텍스트가 담고 있는 내용이 어떤 문제를 파생시키고 있는가? (KCU. 강의노트인용. 2007)

무엇보다 책을 읽는 것도 습관인 듯하다. 책 읽는 습관을 길들여 놓고 보니 아무리 두꺼운 책도 겁나지 않는다. 모든 일이 습관인 듯하다. 나의 경우는 분기별로 50권을 구입하여 책장에 꽂는게 아니라 모두 내려놓았다가 읽고 간단한 서평을 '블로그'에 남긴 후 책장에 꽂는다. 결국 책장 아래 있는 책들은 보기 싫어서라도 읽어야 하는 부담을 느낀다. 전문 서적 외에 관심 있는 분야의 책을 섞어 구입하고 언제까지 읽는다는 목표가 설정되어야 한다. 그러려면 하루에 책 읽는 시간이 반드시 정해져야 한다. 책을 읽다 보니 서서히 '고전'으로 눈이 돌려지고 새로운 사람, 가보지 않은 곳도 방문하고 싶은 꿈이 생긴다. 책을 들고 있는 순간 내 자신이 살아있다는 생각이 든다.

한재술의
독서모임,
대답은 있다

책 읽기 모임이라는 제목을 보고 집었던 책이다. 독서는 강조하고 또 강조하더라도 좋은 말이다. 이 책은 독서 모임인 「대답은 있다」를 이끌어 가는 이야기다. 저자의 소개는 전혀 없다. 저자는 자신이 목회자도 아니고 신학생도 아니라고 소개한다. 단지 신앙에 근거한 경건 서적들을 소개하고 어떻게 읽어야 하는지에 대한 안내로 독서 모임을 소개한다. 저자의 열정은 단순한 독서 모임 소개가 아니라 기독교 전문 도서관과 독서학교를 만들고 싶다고 고백한다. 이 모임을 하나가 아니라 지속적인 형태로 다른 지역까지 연결하여 확대시키고 있는 듯하다. 긍정적이지만 교회 안에서 시행되었으면 하는 바램이다.

내용은 3부로 '독서 모임에 대한 소개와 이렇게 하자, 더 나은 독서를 위한 독서법'을 차분히 소개한다. 특히 저자가 소개하고 있는 모임은 신앙서적 만을 위한 모임이다. 기독교사에 영향을 끼친 책들을 꼽고 있다. 어쨌든 저자의 열정은 독서에 있고 책을 통해 거듭나며 변화되길 갈망한다. 자신만의 독서 환경, 시간, 계획표, 서평쓰기와 더 깊게 공부하기 위한 집중과 반복을 강조한다. 한번 보고 덮는 책이 아닌 몇 번이고 반복해서 읽을 책을 선택해야 한다는 걸 강조한다. 사실 책을 읽고 그냥 덮는다면 그것은 책을 읽었다고 보기 힘들다. 읽은 후에는 반드시 서평을 써야 한다. 그래야 자신의 것이 된다. 간단하게라도 저자는 무엇에 관심이 있으며, 왜 이 책을 썼는지 책의 내용을 요약정리하고, 주요 쟁점은 무엇인가를 파악하여 비평하고 감상을 적는 게 일반적인 서평 형태다. 글 쓰는 습관은 몸에 배지 않으면 힘들다. 독서 방법에 있어 간단한 주제나 내용 파악에 있어서는 속독도 가능하다. 그러나 공부하기 위한 독서는 한 단어와 어휘, 한 문단을 가지고 묵상하여야 내용을 더 깊이 파악할 수 있다.

일반인이 신앙적이고 신학적인 독서를 한다는 게 흔하지 않다. 그런데도 불구하고 신학서적을 탐독하고 공부하는 모임이 있다는 것이 귀하게 보인다. 저자의 추천 책은 기본에 충실한 책들이다. 존 스토트의 『기독교 기본진리』, 데이비드 웰스의 『용기 있는 기독교』, C.S. 루이스의 『영광의 무지개』, 로이드-존스의 『하나님의 나라』, 라일의 『거룩』, 쉐퍼의 『그리스도인의 표지』, 이 외에도 옥성호의 『심리학에 물든 기독교』 등으로 경건한 그리스도인들의 책이다.

책을 읽으면서 느낀 것이지만 저자가 반복하고 있는 것처럼, 겸손한 모습으로 세상을 바라보고 교회중심으로 이 운동이 일어나길 바라는 마음이다. 대부분의 좋은 운동들이 많다. 그러나 맥도날

드와 버거킹처럼, 자신들만의 공동체로 굳혀가는 것은 역사에서 그 아름다움이 퇴색되어 왔다는 것을 우리 모두는 보아 왔다. 물론 교회가 손을 대지 못하고 있는 부분을 교회 밖의 선교단체나 특별한 단체가 담당한다는 것을 부인하기 어렵다. 교회가 제 구실을 못하고 교회의 개념 하나도 제대로 가르치지 못해 망신당하는 것이 우리의 현실이다. 독서 모임 역시 교회 내에서 소중한 자리로 들어섰으면 하는 바람이다.

믿음에 관한 이야기

존 오웬의 『영의 생각, 육신의 생각』 · 이용규의 『같이 걷기』
_{John Owen}

게리 채프먼의 『5가지 사랑의 언어』 · 게리 콜린스의 『코칭 바이블』
_{Gary Chapman} _{Gary Collins}

존 비비어의 『순종』 · 김하중의 『하나님의 대사』 1,2권
_{John Bevere}

윤석준의 『한국교회가 잘못 알고 있는 101가지 성경이야기』 1,2권

이민아의 영성고백 『땅에서 하늘처럼』 · 김선태의 『땅을 잃고 하늘을 찾은 사람』

이성준의 『하나님 안에서 부자 되기』 · 크리스토퍼 라이트의 『John Stott 우리의 친구』
_{Christopher J. H. Wright}

손봉호 교수의 『잠깐 쉬었다가』 · 오스힐먼의 『하나님의 타이밍』
_{Os Hillman}

John Owen
존 오웬의
영의 생각,
육신의 생각

"영의 생각만이 혼탁한 세상 문화와 육신의 정서를 정복하고 하나님의 은혜와 사랑의 줄에 매어 고정시킬 수 있을 것입니다. 구원받은 성도는 말씀과 기도의 두 기둥으로 삶의 지표를 삼아야 합니다. 그렇게 하여 성령님이 베푸시는 은혜를 통해, 회복된 양심의 가책과 자아부인과 자아점검, 자아억제를 통해 육신의 생각을 포기하고 하늘에 속한 것들을 사모해야 합니다." 이처럼 존 오웬은 롬 8:6의 말씀인 '육신의 생각은 사망이요 영의 생각은 생명과 평안이니' 라는 말씀을 가지고 설명을 했다. 그런데 문맥과 문장이 맞지 않고 어휘조차 낯선 글이었다. 조심스럽게 읽어나가니 저자의 의도와 마음은 충분히 전달되었다. 오웬은 구원 받은 그리스도인들의 성화를 강조했다. 바울이 간절하게 바라던 영의 생각과 육신의 생각의 실상을 구체적으로 설명한다.

이 책은 331년 전인 1681년의 작품이다. 대부분의 문장을 여러 차례 반복해서 읽었지만 고전 번역이라서 그런지 어휘 선정이 매끄럽지 못해 내용 파악이 쉽지 않았다. 그나마 설명하고 있는 근거 구절이 있어서 다행이었다. 끝까지 읽고 나니 한 분이 기억났다. 평생을 영어 영문학과 함께 살았던 민재기 교수가 번역서를 한 권도 내놓지 않은 이유를 "저자의 의도를 변질시킬까 우려해서였다."라고 고백했었다. 저자가 인용한 성경 구절을 통해서 '가슴 떨리던 구원의 감격'과 '때 묻지 않은 처음 신앙'을 기억해 냈다. 사실 영의 생각과 육신의 생각이라는 말만 들어도 가슴이 떨린다. 영의 생각은 그만큼 소중하기 때문이다. 영의 생각은 곧 하늘을 바라는 마음이며 기도와 말씀을 준비하고 무릎을 꿇게 하는 겸손으로 이끌어 주기 때문이다. 책을 덮으면서도 마음이 무겁다. 그것은 오웬의 진정한 의도를 더 파악해 내지 못했기 때문이다.

이용규의
같이 걷기

　이용규 선교사는 『내려놓음』과 『더 내려 놓음』에 이어 이번에는 『같이 걷기』를 내놓았다. 1편과 2편이 신앙 체험의 실제적인 모습을 다루었다면 3편은 약간 이론적이고 자기 변명도 있었다. 그만큼 책을 내면서 세련미가 붙었다는 생각을 하게 했다. '우리와 같이 걷기를 원하시는 주님, 같이 걸을 때 들리는 세미한 음성, 길 위에 새겨진 발자국, 같이 걷는 삶에 넘치는 은혜'로 진행시켰다. 책이란 게 원래 편집에 의해 새로워질 수도 있는데 너무 흠 잡힐 곳이 없으면 재미도 그만큼 떨어진다. 글이나 사람이나 조금은 시골스럽고 어수룩한 데가 있어야 제맛이다.

　저자가 이론적이고 독자에게 별로 중요하지 않은 경험을 지나치게 부각시킨 점이 없지 않았나 생각한다. 참으로 독자는 무섭다. 잘못된 토씨 하나도 기가 막히게 찾아내는 독수리의 눈을 가지고 있다. 어느 지인이 내게 말하기를 기도응답이나 자신이 경험한 주님과의 관계를 상품화시켜서는 안 된다는 지적을 했다. 다분히 일리가 있지만 여러 사람과 나누는 것 또한 긍정적인 일이다. 다만 조심해야 할 것은 주님을 높인다는 핑계로 자신을 은근슬쩍 나타내는 것이다.

어제 한국에서 세미나 차 온 대형교회의 담임목사 한 분이 진행하는 '목회자의 리더십'에 대한 강의를 들었다. 내용은 거의 아는 것들이었다. 그래서인지 다가오는 게 없었다. 왜 그랬을까 내게 질문 중이다. 그것은 수십 년을 한결 같이 일구어 낸 전임 목사에 대한 윤리 감각을 잃어가고 있는 느낌을 받았던 게 아닌가 싶었다. 사람의 느낌은 사실과 다를 수 있지만 이 한 가지는 분명해야 하는 듯싶다. 내가 죄인 되었을 때 그리스도께서 죽으심으로 하나님께서 자신의 사랑을 확증하셨다는 아주 일반적인 사실이다. 나 또한 이 상황에 자유하지 못하다. 그래서 바울은 섰다고 생각하는 사람은 넘어질까 조심하라고 했나 보다. "나 개인에 있어 인생 최고의 발견은 내가 죄인이며 주께서 나를 구원하셨다는 사실이다."라고 대답했던 어느 학자 분의 말은 큰 귀감으로 남아있다. 겸손하게 주님의 이름으로 살아간다는 것은 참으로 쉬운 일이 아닌 듯하다.

가끔 나의 이름이 '개똥이'라는 것을 상기한다. 호적에 실제 이름도 그랬었다. 아버지가 나이 들어 귀한 자식을 보게 되었으니 오래오래 생명이 길도록 하라는 의미의 이름이다. '그래 그래야지, 그렇게 살아야 한다'고 늘 다짐하지만 순간순간 잊는다. 지금 이 글을 쓰면서도 푸근하고 넉넉함 대신에 비판이 되지 않기를 노력하고 있다.

Gary Chapman
게리 채프먼의
5가지 사랑의 언어

　사랑하지만 언어가 다르면 마음이 전달되지 못하고 오히려 오해와 상처가 쌓인다. 심한 경우 결별에 이른다. 이는 서로 소통되지 않기 때문이다. 외국어를 배우듯 사랑의 언어를 배워야 한다. 상대방의 사랑의 언어가 무엇인지를 알고 사용해야 한다. 본서는 다음 몇 가지를 기본적으로 전제한다. "첫째, 연애감정은 일시적이며 사랑을 지속하기 위해서는 의지적 노력이 필요하다. 둘째, 사람마다 고유한 사랑의 언어가 있다. 셋째, 사랑을 소통하려면 상대방이 지닌 사랑의 언어를 구사해야 한다." 저자 '게리 채프먼'은 50년의 결혼생활과 40년의 결혼상담 경력의 저자다.

　사랑의 언어란 다음과 같다고 한다. '인정하는 말, 함께 하는 시간, 선물, 봉사, 스킨십' 이렇게 다섯 가지다. 사랑의 언어가 무엇인지 검사하는 질문이 구체적으로 있지만 조금만 정신 차리고 자신에게 물어 보면 다 아는 것들이다. 대부분 부부나 이성 간에 서로의 뜨거운 감정을 사랑으로 착각하는 경우다. 이 감정은 상대를 가까이 알아가면서 서서히 식는 게 당연하다. 5가지 중 마음에 와 닿고 좋은 느낌을 주는 것이 사람마다 다르다는 것이다. 이것으로 상대와 소통이 되는 것이다.

　좋아하는 5가지의 스타일 중 한 가지를 찾으면 된다. 격려와 함께 힘을 주는 인정하는 말이 있을 것이고 고독을 취미 삼아 혼자 있는 사람에게는 공허감을 메우는데 함께 하는 시간은 절대적일 것이다. 선물을 받아서 좋아하는 사람도 있고 선물을 부담스러워 하는 사람도 있겠지만 대부분의 경우 좋아한다. 나의 경우도 선물은 매우 기분을 좋게 한다. 하지만 최고의 선물이어야 한다. 내게는 볼펜도 있고 책도 있고 작은 소품들도 많다. 그러나 대부분이 가치가 부여되어 있는 최고의 것들이다. 봉사라는 것도 마찬가지다. 대부분 현대사회는 지나치게 시간에 쪼들린다. 조각을 나눠 쓰면 상대에게 행복을 준다. 청소와 세탁, 작은 소일들을 대신하는 것들은 따지고 보면 스트레스를 줄여 준다. 마지막 스킨십이다. 이것만큼 사람을 가깝게 하는 게 없다. 특히 이성 간에 있어 손을 잡는다는 것은 친밀함을 의미하며 더 나아가 어깨나 몸의 일부를 터치한다는 것은 가깝다는 표현이다. 상대마다 각각의 언어나 스타일이 다르겠지만 이 5가지의 스타일 중 상대에게 맞는 도구가 있다는 것이다. 이것을 발견하고 사용한다면 쌍방이 사랑으로 하나 된다는 저자의 말이다.

　저자의 인간관계의 소통은 5가지의 언어에 있다는 것을 공감하고 지지한다. 우리 부모님의 경우는 나와 시대적으로 약간의 문화적 격차가 있다. 나의 아버지는 1910년대의 어른이셨다. 그 당시 한국의 문화나 전형적인 사고는 '남녀칠세부동석'이었다. 나의 아버지의 경우 언제나 선물을 좋아하셨고 봉사와 함께 하는 시간이 몸에 배셨던 분이다. 대신 스킨십이나 인정하는 말은 거의가 아니라 전혀 사용하지 못하셨던 것 같다. 저자의 주장은 문화에 따라 절대적인 것은 될 수 없겠지만 각자에 따라 상대의 문화를 이해하고 적용한다면 유익한 관계가 이루어지리라 본다. 이것은 다분히 심리학적 개념에서 도입되었다. 그리스도인의 경우 이 다섯 가지에서 성경적 근거를 찾는다면 더 유익한 도구가 되리라 믿는다. 개념 적용에 있어서 저자는 5가지를 '사랑의 언어'라는 도구로 제한하여 표현했지만 독자에 따라서 '대체어'가 있을 듯하다. 이를테면 사랑의 언어 대신에 '소통의 도구'로 넓게 사용하면 더 좋을 듯도 하다.

Gary Collins
게리 콜린스의
코칭 바이블

 '코칭'은 본래 스포츠 계에서 시작된 것인데, 지금은 수많은 종목에서 코치들이 개인선수나 팀을 위해 새로운 목표설정을 하고 그것을 성취하도록 돕고 있는 넓은 개념이다. 경영 코칭이란 말이 생겨난 것은 불과 수십 년 전이다. (p13) 『코칭 바이블』은 기독교 상담학계에서 알려진 게리 콜린스에 의해 기독교적 코칭의 이해로 쓰여진 책이다. 1500년대에 '코칭'은 '마차'를 가리키는 말이었다. 1880년대에는 케임브리지의 캠 강에서 노 젓는 사람을 지도할 때 사용하기도 했다. 도와주는 사람이나 명확한 목표를 갖게 하여 상상하지 못할 정도의 위대한 성취를 달성하게 하는 '리더라 불리우는 사람'일 수도 있다. 이 '코칭'은 30년 전 만하더라도 스포츠계나 연예계에서 머물렀다. 하지만 급격한 변화의 속도마저 감지 못하는 현대에 이르러서는 개인뿐 아니라 모든 분야에 적용하기에 이르렀다. 코칭은 1990년대에 비약적 성장을 가져왔다. 1992년에는 국제 연맹이 설립되었고 약 90개의 나라에 회원이 퍼져있고, 오늘날에는 300개 이상이 존재한다. 요약하면 코칭은 개인이나 집단을 현재 있는 지점에서 그들이 원하는 지점으로 갈 수 있도록 인도하는 기술이자 행위다.(p27) 이 단어가 최초로 사용되었을 때는 '말이 이끄는 운송 수단'을 가리켰다.(p445)

  코칭은 상담과 다르며 멘토링이나 제자훈련 컨설팅과도 다르다. 코칭은 현재 있는 지점에서 원하는 지점으로 이동할 수 있도록 구비시키는 기술이자 실천이란 점에서 그렇다. 즉 개발하고 계발하며 찾고 도달하며 세우고 만든다. 발견하고 습득하며 평가하고 확장한다. 책은 코칭의 기초에서 기술, 실제적인 부분에 이르기까지 안내하고 있다. 독자로서 이 책을 평가한다면 한마디로 '발전된 리더십의 실제'라고 말하고 싶다. 여기에는 심리학과 상담학이 자연스럽게 개입된다. 인간의 문제를 다뤄야 하기 때문이다. 하지만, 정상에서 만나는 내용은 거의 같다. "인생의 그래프, 계약서, 개인정보 양식, 가치관 파악하기, 은사파악하기, 사명선언서 명료화, 10년후 편지 쓰기, 에너지를 소진시키는 것들 파악하기 등이며, 끝으로 '코치' 찾기다."(pp441-468)

  결국 코칭이란 주고받는 '인간관계'라는 생각이 든다. 관계는 자유스럽지만 절제되어 있어야 하고 절제된 울타리가 있지만 넓은 대지가 펼쳐져 있어야 한다. 그 울타리 안에서 행복한 관계가 이루어져야 한다. 무엇보다도 관계는 우선적으로 편해야 한다. 편하지만 보이지 않는 규율 또한 살아 있어야 한다. 이것을 무엇으로 비유했으면 좋을지 나 스스로도 아직 발견하지 못했다. 상대에게 말하지 않고도 전달 가능한 메시지가 있고 전달한 메시지가 분명한데도 전달되지 않고 맴돌 때가 허다하다. 그러니 '무엇이 이렇게 만들 수 있을까?'를 스스로 터득해서 아는 사람이 곧 '리더요, 코치'라는 생각이 든다. 나 개인의 지상 최고의 코치는 우리 엄마가 아니라, 어머니란 생각이 든다. 엄마라는 이름을 부를 때는 마냥 개념없이 행복하다가도 어머니란 이름 안에는 원칙과 원리가 적용되면서도 사랑을 듬뿍 머금은 채 다가 오기 때문이다.

John Bevere
존 비비어의
순종

'순종과 복종'이라는 단어는 느낌부터가 거부감이 든다. 자유를 박탈하고 나 스스로를 제한한다는 생각이 앞서기 때문이다. 특히 그리스도인에게는 이 단어가 낯설지 않다. 하나님께 순종하고 복종한다는 것은 보이지 않는 하나님과 자신과의 신앙의 행위다. 그러나 이 단어는 하나님뿐 아니라 사람에게도 똑같이 적용되고 있다. 지구상에 모든 사람은 '권위' 아래 속해 있다. 최고의 권위는 하나님이다. 땅 위에서의 권위는 가깝게는 부부와 부모다. 그 다음은 국가의 통치자와 직장과 기관에서는 각각 상사가 있다.

저자는 '권위'란 보호이며 안전이라고 첫 장에서 말한다. "나의 피난처, 나의 요새, 나의 의뢰하는 여호와, 그러므로 보호 아래 있는 사람은 하나님의 권위 아래 있는 사람이다."(p13) 권위는 하나님께로 나지 않은 것이 없다. 특히 교회 내에서 담임목사가 아니고 부교역자의 경우는 권위 아래 순복한다는 것이 얼마나 어려운지 잘 알 수 있다. 자신이 8개월이나 기도하고 계획했던 일이 담임목사의 거절로 취소된다면 닭 쫓던 강아지 하늘 쳐다 보는 격이 된다. 설득이나 반항할 수도 없다. 저자는 자신의 경험을 들어 이것도 순종해야 한다고 가르친다.

"뜨끔한 얘기지만 불순종 시에 사탄은 미혹한다. 이브와 아담이 그랬다. 솔로몬의 결정적인 실패는 불순종이었다. 그가 노년에 고백은 "하나님을 경외하고 그 명령을 지킬지어다. 이것이 사람의 본분이니라."고 고백했다. 솔로몬은 죄에 대한 고백이 없었고 '아나니아'와 '삽비라'도 마찬가지다. 그러므로 참된 믿음은 옳고 그름에 대한 인식이 아니라 순종에서 나온다."(pp71-75) 그렇다면 부분적인 순종은 어떨까? 사울의 경우를 보자. 제사를 드리기 위해 좋은 동물들을 남겼고 백성들을 생각한 경건한 왕이었다. 하지만 그는 모두 죽이라는 하나님의 말씀을 왜곡해 들었던 것이다. '권위'란 군대용어다. 바울은 "각 사람은 위에 있는 권세자들에게 굴복하라"고 한다. 그렇다면 악한 권위도 하나님께서 정하신 것인가? 히틀러나 스탈린, 애굽의 바로도 그런가? 이해하기 힘들지만 그렇다. 창세기 50장의 경우는 악을 선용하시는 하나님의 계획을 한눈으로 보게 한다. "하나님이 큰 구원으로 당신들의 생명을 보존하고 당신들의 후손을 세상에 두시려고 나를 당신들 앞서 보내셨나니 그런즉 나를 이리로 보낸 자는 당신들이 아니요 하나님이시라."(창45:7-8,pp121-127) 판단은 내가 하는 게 아니라 하나님이 하신다는 성경의 원칙을 익혀야 한다.

문제는 '권위'에 있는 게 아니라 나 자신일 수 있다. 순종이 권위에 반응하는 행동의 문제라면 복종은 권위에 대한 태도의 문제다. 즉 태도는 복종, 행동은 불순종이 되어선 안 된다. 태도와 행동이 같아야 한다. 다니엘의 경우는 더 높은 권위에 순종하였다. 그러나 슬프게도 권위 결정을 잘못했던 경우가 있다. '에스더'가 좋은 예이다. '에스더'는 간청하기는 했지만 최종 결정은 왕에게 맡겼다. 왕을 비하하거나 강요하거나 조종하지도 않았다. 다윗 역시 사울의 권위에 공경하는 태도로 정보를 제시하고 겸손하고 복종하는 태도를 잃지 않았다.

우리가 흔히 경험할 수 있는 옳지만 틀린 '메시지'가 있다. 노아의 아들들에게서 볼 수 있다. 노아의 도덕적 실수는 세 아들에게 시험이었다. 함은 아비의 일을 보고 형제들에게 사실을 알렸지만 셈과 야벳은 아비의 수치를 보지 않고 뒷걸음질쳐 덮었다. 그 결과는 어떤가? 권위에 도전하여 심판을 자초해선 안 된다. 미리암의 경우도 마찬가지다. 모세가 잘못된 판단으로 이집트 여자와 결혼했을 수도 있다. 그러나 권위에 대한 비방의 결과는 참혹했다. 이런 경우 '함'도 옳고 '미리암'도 옳다. 그러나 옳은 일이 덕이 안 되는 틀린 경우다.

저자는 모든 영역에서 권위는 인정되어야 한다고 말한다. 가정에서 자녀에 대한 충고, 부당한 남편, 사회의 권위, 일반적인 남자의 권위, 마지막으로는 종의 식사시간(눅17:1-10)의 예를 들어 그 구체적인 사실을 증명한다.(p293) 결국 권위에 복종하는 것은 나의 행복이다. 저자는 우리 정서에 맞고 실질적인 자신의 경험을 바탕으로 순종하는 게 축복이며 보호 아래 머무는 것이라고 끝까지 힘주어 전하고 있다.

김하중의

하나님의 대사
1, 2권

김하중 전 주중 대사의 간증이다. 1권에 이어 2, 3권이 차례로 출간되었다. 1권에서 저자는 개인적인 기도행전의 모습을 간증했고 탈북자 일천 명을 입국시켰으며, 어려움에 처한 중국의 많은 지하교회들을 승인시키는데 기여했다. 그는 특히 기도를 통해 주변 사람들의 변화되는 모습을 그렸다. 2권과 3권에서도 역시 개인적인 간증으로서, 한중 수교에 기여하게 된 사건과 목회자들을 도왔던 일들을 상세하게 적고 있다. 특히 대통령을 모시면서 믿음으로 행했던 일들을 꼼꼼하게 적었고 통일부장관으로 내정된 일에서부터 경질에 이르기까지의 일을 고백하였다. 글에서, 저자 자신이 기도하여 하나님께서 주시는 말씀을 타이핑해 상대방에게 전달해 준다는 게 특별하게 느껴졌다. 전달 받은 사람은 그 기도문을 액자에 넣기도 했다는 기록도 있다. 이 내용은 반복적인 흐름으로 보아 저자에게 주신 특별한 은사로 여겨진다. 이런 모습은 자칫 책을 읽는 독자로 하여금, 한 개인의 특별한 은사가 하나님의 말씀인 성경과의 우선 순위를 혼란스럽게 하진 않을까 걱정도 되었다.

김하중 전 대사는 현재 세상 곳곳을 다니며 간증과 집회를 인도하고 있다. 앞으로도 더 오래 주님의 소중한 '메신저'가 되길 기대한다. 2권과 3권은 하나님께 영광을 돌리는 부분도 많았지만, 김하중 대사 개인이 주목받는 일도 상당 부분을 차지했다. 이 책은 스스럼없는 객관적인 간증이기도 하지만 개인적인 자전적 고백이기도 하다.

마지막 끝 부분에 '성령의 권능과 리더십'을 잘 정리해 주고 있다. 리더는 모름지기 "상황에 대한 판단력, 비전과 담대함, 지혜와 통찰력, 도덕적이어야 하며 사랑으로 품어야 한다."는 세상적인 리더십과 그리스도인의 리더십이 다르다는 것을 강조했다. 무엇보다도 영적인 리더는 "사람 의지하지 말고 사랑해야 하며, 정직하며 두려워 말고 담대하며, 책임과 고통을 기쁘게 감당해야 한다."고 정리했다. 끝으로 리더들의 사명은 첫째, 세상의 빛이어야 하고 둘째, 조그만 십자가라도 져야 한다는 것을 강조했다.

『하나님의 대사』는 한 사람의 탁월한 크리스천 리더는 어느 누구보다 하나님의 위대함을 나타낼 수 있다는 것을 증명하고 있다. 현재 지구상에 흩어져 있는 수많은 목회자와 선교사들 중에 한국인의 모습은 더 이상 낯설지 않다. 홍수가 나면 물이 천하게 되고 사람들은 물을 피한다. 지금 한국의 상황이 이런 게 아닌지 깊이 되돌아보게 된다. 사람에게 없어서는 안 되는 물이지만 깊숙한 반석 속에서 솟아난 생수가 아니라면 마실 수 없다. 그런 의미에서 그리스도인은, 더럽고 흔한 건수가 되지 말고 생수가 되어야 한다는 것이다. 이 책은 그리스도인 각자가 무엇을 하든지 있는 장소에서 최선을 다해야 하며, 이 땅에서 어떻게 살아가야 하는지를 짚어준다. 책을 덮으면서 첫째, 하나님과 일대 일의 관계가 회복되어야 하고 둘째, 기도는 구체적인 목록으로 분명하게 작성되어야 하며 셋째, 작든 크든 간에 자신의 그릇이 깨끗해야 주께서 사용하신다는 것을 깊이 되새긴다.

윤석준의
한국교회가 잘못 알고 있는
101가지 성경이야기 1, 2권

    본서는 개혁주의 신학과 구속사적 성경 해석 방법에 기초하고 있다고 책의 날개에서 말한다. 그는 현재 '화란 개혁교회'를 모델로 하는 개혁교회를 세우는 일에 투신하고 있으며 '개혁교회를 사랑하는 사람들'이란 홈페이지를 운영하고 있다. 특히 주목할 만한 것들은 성경의 단면적인 시각을 벗어나 전체적인 흐름의 주인이 '예수 그리스도'라는 점을 분명하게 알려 주고 있다. 이것은 그리스도인들이 자칫 놓치게 되는 위험성에 대해 교훈해 주는 중요한 깨우침이다.

    또한 한국교회가 잘못 알고 있는 성경이야기들을 아주 쉽고 설득력 있게 설명하고 있다. 이를테면 고정 관념 깨기에서의-보편적 오해들, 인본주의적 교육학에서의-심리학적 해석들, 도덕적으로 읽어서-성경의 본의를 훼손하는 예들, 목회적 목적을 위해-왜곡하는 예들, 기도와 전도에 대하여-일반적으로 알고 들어 왔던 것과는 다른 시각에서 설명한다. 내용 중 하나만 예를 든다면, "가인과 아벨의 제물에 대해서는 무엇을 드렸느냐가 중요한 것이 아니라 그들 자체 그들의 전인격이 여기에 결부되어 있다는 점에 주목한다. 즉, '아벨의 제물을 받았다'가 아니라 '아벨과 그 제물을 받았다'는 것이고, '가인의 제물을 받지 않았다'가 아니라 '가인과 그 제물을 받지 않았다'는 것이다. 하나님이 가인의 제사를 받지 않으신 근본적인 이유는 그가 제사 드리기 이전에 평소에 행했던 '자세' 때문이지, 제물이 문제가 되었던 것은 아니라는 것이다."(pp95-100)

이 책은 한국교회와 성도들에게 만연된 실용주의적 시각에 제동을 걸고 있다는 점에서 신선하다. 수단이 목적으로 변해도 결과만 좋으면 만족하는 세태를 꼬집어 비틀고 있다. 그러나 자칫 오해의 책이 될 수도 있다는 생각을 했다. 이미 상식화 되었고 자연스럽게 적용하고 있는 친근한 성경구절들을 전혀 '다른 시각'으로 이해를 요구하기 때문이다. 책을 쓴 저자는 아주 논리적이다. 논리란 또 다른 반박의 논리로 맞설 때는 반드시 튀기 마련이다. 그런 면에서 본문에서의 적용은 때로는 가변적일 수 있다는 점을 놓치고 있다. 반드시 본문과 일치해야 하는 것은 아니다. 이 책은 개혁교회와 구속사적인 성경연구에는 탁월하다. 하지만 또 다른 논리에 의해 많은 부분에서 반박 될 가능성이 있다. 다음 2권에서 좀 더 구체적으로 논하자.

1권에 이어 2권에서 이어지는 글 또한 파격破格적이다. 성경 인물들에 관한 오해, 예수님의 비유와 사역, 성경의 용례에 관한 예들, 성전에 관한 본문, 성령과 방언, 신유 축사에 관한 이야기가 나열되었다. 1권에서 나는 이 책이 문제의 소지가 다분하고 반박의 여지가 많다는 것을 예고했다. 교단과 교파, 개인에 따라, 성경을 보는 시각이 약간 다를 수 있다. 하지만 전체적인 흐름에서의 큰 맥은 이탈되지 않는다. 내용이 탁월하다는 것은 성서에서 이탈된 부분을 보다 명확하게 짚어 주기보다는, 개혁교회의 살아있는 의지와 구속사적인 시각에서 성경을 다뤘다는 점이다. 참신하고 신선한 책이다.

특별히 기억되는 부분은, 한국의 '성령론'에 관한 이해는 90%가 오순절 적이라고 평가한 점이다. 성령의 현상, 성령의 축제, 방언, 신유, 축사, 일곱 귀신이야기의 '본의本意'들을 설명하고 있는데 즉, 오늘 날의 신자들이 이해하고 있는 방언과 예언, 신유와 축사는 인정 할 수 없다는 것으로 반박하고 있다.(pp327-405) 그 반박은 무분별한 교회 질서의 기준을 정리해 주기는 하지만, 검증된 것이 아닌 개인의 경험이나 심리학, 최면술의 논리, 또는 검색을 통해 정리한 것으로 또 다른 반박의 공간을 만들고 있다.

저자가 쓴 글은 오해의 소지도 있지만 매우 깊은 의미들을 담고 있다. 한국교회나 신자들이 잘못 이해하고 있는 성경구절이나 오해들을 일일이 찾아내어 공개했다는 점이 가상하다. 그러나 복음이 아닌 '것들'이라고 해서, 복음을 전달하기 위한 그 '도구들' 까지 버리는 일은 지나친 일이다. '토사구팽兎死狗烹'이란 말이 여기에 해당되지 않기를 진심으로 바란다.

이민아의 영성고백
땅에서 하늘처럼

    2월 29일 책이 출간되었는데 그녀는 3월 15일 소천했다. 그녀가 남긴 마지막 글이라 더더욱 애틋하다. 본서는 개인의 영성 고백이다. 그녀는 미국 이민 후 검사를 거쳐 변호사로 활동했다. 2009년에는 목사 안수를 받았다. 화려한 배경과는 달리 뜻하지 않은 이혼과 아들의 죽음, 그리고 말기 암으로 투병한다. 무엇보다도 그녀의 삶은 오직 신앙으로 일관되었다. 이 책은 투병하면서 쓴 글이다. 10개의 소제목으로 이 땅에서 살고 싶은 이유, 거듭나야만 들어가는 아버지 나라 등, 끝 부분에는 승리하는 신부의 삶으로 마무리한다.

    성경을 통해 주신 말씀과 자신이 경험한 개인 간증들이다. 그녀에게 닥친 갑작스런 큰 아들의 죽음과 자폐아의 치료, 자신의 갑상선암과 위암 말기는 말로 일설 하기에 부족한 듯하다. 그럼에도 불구하고 수많은 사람들에게 위로와 격려를 주었던 삶은 아름답다. 완악한 이어령 아버지를 전도하여 간증하게 만들었다. 그녀의 말대로 그 나라에서 지금은 안식하고 있을 것이다. 한 사람 개인의 역사는 온 우주와 같을지도 모른다. 스토리가 있고 살아온 핵심이 있다. 이처럼 글로 남긴다는 것은 아름다운 일이다. 그것은 자신을 공개하는 것이 아니라, 자신의 삶을 이웃들과 공유한다는 의미에서도 좋은 일이다. 개인이든 국가든 기록이 없으면 역사가 없다.

 대부분 유명 인사들의 삶은 짤막했다. 30세 이후에 죽으면 그래도 어느 정도는 살았다고 하겠지만 30세 전후에 죽은 이들도 많다. 이 책에서 언급한 중국의 '위지안'이 그랬다. 노르웨이로 유학하여 열심히 공부하여 힘들게 학위도 받았고 결혼도 했고 30대에 100명 안에 드는 세계적인 대학교수가 되었다. 행복하다는 고백도 잠깐, 암이란 충격적인 소리를 듣는다. 그러나 그는 좌절하지 않고 남은 기간을 성실하게 살아간다. 결국은 사랑하는 남편과 딸을 남긴 채 세상을 떠나야 했다. 그러나 그냥 죽은 것이 아니다. 많은 사람들에게 이렇게 살아야 한다는 충격을 남긴다. 짧지만 이런 게 '삶'이란 생각을 한다.

김선태의

땅을 잃고
하늘을 찾은 사람

　김선태 소년은 6·25전쟁을 통해 모든 것을 잃었다. 그의 나이 불과 10살이다. 눈을 잃고 아버지와 어머니를 삽시간에 잃었다. 참외 밭에서 함께 뛰놀던 친구들은 흔적조차 없이 사라졌다. 땅에서 인간이 지녀야 할 가장 기초적인 모든 것을 잃었다. 유일한 친척인 고모조차 김선태 소년을 저주하며 내쳤다. 그는 희망 없이 하루를 살아가는 고아와 거지가 되었다. 피난민들이 줄을 이었고 살아있는 아이를 마당에 묻고 떠나는 이들도 있었다. 전쟁은 가해자나 피해자나 할 것 없이 상처만 안겨 준다.

　그러나 땅의 모든 것을 잃은 김선태는, 오직 하나, 하늘을 바라보는 '신앙'의 소년이었다. 하루를 살기 힘든 상황에서도 주일이면 깨끗한 옷으로 갈아입고 교회를 찾아 친구들과 함께 예배를 드리고 새 돈을 골라 두었다가 헌금함에 넣었다. 그는 배워야 산다는 목표를 세우고 그 하나에 매달린다. 모질게 땅을 뚫고 올라오는 새싹을 세상은 아랑곳하지 않고 보호하지도 않았다. 그래도 질경이처럼 끈질기게 지금까지 살아남았다. 점자를 배우고, 숭실중고등학교와 숭실대학교를 거쳐 장로회 신대원을 졸업했다. 이 과정을 마치기까지는 실로 기적에 가깝다. 정상인도 해낼 수 없는 과정을 해냈다. 그의 앞에 놓인 장애물을 넘으려면 보통사람으로서는 상상도 할 수 없는 끈기와 담대함이 필요했다. 그는 문교부 당국자를 33번 만나 대학입학시험 허가를 받아냈고, 하나뿐인 살붙이였던 고모가 모질게 내치며 구박하고 심지어 공동묘지의 상여집에 데려가 죽을 위험에 빠트렸을 때도 담대하게 이겨냈다. 고모는 상여집에서도 죽지 않고 살아 돌아온 김선태를 '피난길에 양잿물을 먹여 파묻고 가자'고 했다. 그 소리를 듣고서야 김선태는 고모 집을 도망쳐 나왔다. 그런 고모를 용서하고 축복하는 오늘의 김선태 목사는 악한 마귀를 이기고 승리한 그리스도의 사람이다. 그는 만나는 사람마다 인연을 삼았고 그 인연은 후에 '실로암'으로 연결되었다. 김선태 목사는 아시아의 노벨상이라고 알려져 있는 '막사이사이상'과 국민훈장 '동백장'과 '모란장'을 받았고, 현재 실로암 안과병원과 복지관, 아이센터를 건축하고자 애끓는 마음으로 섬기고 있다. 그는 오늘도 불타는 목표와 성실을 음식으로 삼고 새벽 3시에 일어나 집무 준비를 하고 저녁 9시에야 잠자리에 든다. 그의 꿈은 지금 이 순간에도 그의 심장과 함께 뛰고 있다.

현재 한국사회는 『도가니』라는 영화의 영향으로 장애인들의 보호법이 국회에 통과되는 첫 사례를 낳았다. 장애인들의 처절한 몸부림에도 불구하고 이들을 억압하고 학대하는 사례는 어제 오늘이 아니다. 이런 열악한 환경에도 불구하고 김선태 목사는 정상에 우뚝 선 모든 이들의 첫 성공사례가 되었다. '도가니'를 밟고 일어선 오늘의 김선태 목사는 한 겨울 눈 속을 뚫고 나온 한 송이의 '수선화'와 같다.

   본서를 읽고 나는 3일간 깊은 생각에 빠졌다. 첫째, 이렇게 살 때가 아니라며 몽둥이로 맞은 듯했고 둘째, 어려운 일에 부닥치게 되면 "김선태 목사님이라면 어떻게 하겠는가?"라는 질문을 스스로 던져 보았다. 부디 이 책이 소설화 되고 영화화 되어 이 땅의 모든 이들에게 희망을 주는 메시지가 되었으면 한다.

이성준의

하나님 안에서
부자 되기

    재테크 지침서다. 저자는 목차에서 '신앙과 재물, 지출관리, 부채관리, 증식관리, 재정설계'를 설명하고 있다. 마지막 부분에 사례를 예시하였고 '하나님의 방식만이 참되다'고 말하며 청지기 서약으로 마쳤다. 서점에는 돈에 관한 책들로 즐비하다. 종자돈 마련에서부터 부자 되는 방법을 나열하지만 하나같이 이론에 그친다. 개인에 따라서는 돈이 붙는 것은 팔자로 치부하고 고개를 돌린다.

    성경은 돈에 대한 관리에 비상한 관심을 갖는다. 돈은 관계에 대한 도구가 되기 때문이다. 하나님과 인간과의 관계에서도 역시 돈은 소중한 가치로 평가된다. 근대에서 돈의 가치는 인간됨의 가치뿐 아니라 성공의 척도가 된다. 때에 따라서는 인격을 가름 할 수 있는 잣대가 되기도 한다. 성경은 돈을 사랑함이 일만 악의 뿌리라고 말하고 있다. 두 주인을 섬길 수 없다는 말을 돈과 비교하기까지 했다. 결국 돈이란 가치 평가의 소중한 도구가 된다는 것에 이의가 없다. 돈 때문에 자신의 가치를 드높인 사람이 있는가 하면 돈 때문에 인간이기를 포기한 사람도 있고 목숨까지 내 버린 사람도 있다.

　어떻게 관리하는 게 좋은가라는 질문에 앞서 저자는 성경적 기준으로 설명한다. 저자는 '돈은 죄가 없다, 돈의 위험성, 재물을 모아야 하는 이유, 재물은 감사의 조건, 하나님이 원하시는 재물 관리, 풍성한 재물을 복으로 받는 조건'들을 설명하지만 특별하고 들어 보지 못한 희귀한 설명은 없다. 단지 돈이란 그리스도의 주재 권을 인정하고 주님의 영광을 드러내는 도구라는 설명이다. 그렇다면 돈을 어떻게 모아야 한단 말인가? 이것이 중요한 질문이고 듣고 싶은 대답이다. 저자는 우선 지출내역을 줄이라는 것이다. 신용카드의 허와 실, 부채, 인간관계에서의 돈 거래, 부채 상환방법, 투자, 펀드의 이해, 적금, 연금, 보험혜택 등에서 소외된 목회자의 위험 등, 기본적으로 아는 것들이지만 실천하기 힘든 것들이고 다소 이해하기 힘든 부분이다. 돈이 돈을 끌어 온다는 말이 더 쉽다는 생각을 했다. 저자는 말미에 '멀리 보는 재정설계'를 설명하고 있는데 이는 곧 생각하는 사람과 목표를 가진 자가 달성할 수 있다는 말이다. 이어 아브라함의 예를 들면서 재물의 풍요는 방향에 있지 않고 하나님의 방향이 옳다는 것을 말한다.

　내게는 실제적인 지침서는 되질 못했다. 원래부터 돈에 대한 개념 부족 탓인 듯하다. 이런 것들 보다는 '세계 최대의 10대 부자가 누구였나?', '한국의 그 유명한 부자는 어떻게 죽었더라'에 더 관심이 있다. 나의 어머니가 자신의 태도와 모습을 가지런히

하시면서 하신 말씀이 생각난다. "우리나라 정주영이가 돈이 없어 허망하게 죽었나?" 행복이란 분명 돈이 주는 것은 아니다. 그러나 세상은 돈을 행복의 가치와 성공의 기준으로 삼고 있다. 더더욱 틀림없는 사실은, 돈이 신앙고백과 인간 기준의 척도가 될 수도 있다는 것이다. 소득의 십일조, 씀씀이, 이웃을 위한 기부, 저축, 빚 없는 삶 등이 그것이다. 사람이 돈을 만들었지만 돈은 또한 사람을 지배하고 시험한다.

Christopher J. H. Wright
크리스토퍼 라이트의
John Stott, 우리의 친구

성공회의 대부라 칭할 수 있는 John Stott(1921-2011.7.27)는 이제 떠났다. 『그리스도인의 기본진리』, 『팔복강해』, 『설교자란 무엇인가』 외 23권의 저서를 남겼다. 그는 복음주의 신학적 리더였고 영향력 있는 인물 100인 중 하나였다. 평생 양복 두 벌로 살았고 독신자였다. 그의 설교의 특징은 한 문장으로 된 단문으로 유명했다. 그래서 번역하기도 쉽고 통역하기도 편했다.

특히 '새'에 관해서 집중했고 전문가보다 더 탁월해 2,700여 종을 암기하고 있었다. 주변에서 "새에 너무 미쳐 있는 것 아니냐?"고 질문하면 그는 "공중에 나는 새를 보라"며 특히 '보라!'라는 명령에 주석을 달곤 했다. 참으로 특이한 사람이었다. 이 책을 공들여 읽은 이유는 나 역시 초등학교 시절에 학교를 지각하면서까지 새들을 쫓아다녔다. 강과 산, 나무, 심지어 토굴이나 바위 틈새까지 새가 있는 곳이라면 어디든 쫓아갔다. 공부도 그만두고 새하고만 살았으면 하는 생각에 사로잡히기도 했었다. 그 덕에 새의 특성을 나만큼 아는 사람도 드물 거라는 생각을 한다. 상대와 한 가지 공통적인 것만 있어도 이렇게 친근감이 든다는 게 흥미롭다.

이 책은 44명의 'John Stott을 그리워하는 사람'들이 엮은 것으로 한 인물과 교단을 자세히 설명하고 있다. 역사는 본인이 기록하기도 하지만 후대에 의해서 쓰여지는 법이다. 주변의 많은 사람을 얻고 떠나는 것이야말로 지상에서 어떻게 살았는가를 판가름한다. 인생을 3기간으로 나눈다면 "나서, 살다가 죽었다."로 기록된다. 나서 죽는 것은 순간이지만 삶은 기나긴 세월이다. 나는 지금까지 어떻게 살아 왔는가를 생각하게 하는 내용이다. 조용히 남이 모르게, 있는 듯 없는 듯, 그러나 그는 많은 것을 남겼다. 그것은 '사람들' 이다.

손봉호 교수의
잠깐 쉬었다가

손봉호 전 서울대 교수하면 '차갑고 냉정하며 반항적이다' 라는 느낌을 갖고 있었다. 그는 대부분 윤리실천 운동, 정의실천시민연합 공동대표 등을 맡고 있었기 때문이다. 저자는 영문과 졸업 외에도 신학을 전공했고 철학박사 학위를 받았다.

내용은 대부분 주변 이야기들이다. 중고등학교 시절, 군대시절, 유학시절, 재직 중 인간관계에서 있었던 아기자기한 내용들이다. 청소년 시절부터 남달랐던 모양이다. 중학교 때부터 영어성경을 완독했고 기독교 신앙에서 빗나가지 않았다. 법대를 나왔고, 너무 일찍 출세한 만득이의 추락과 죽음을 애도하기도 했다. 일본인의 가게를 보면서 성실한 태도로 인정받았던 일, 사투리로 셰익스피어를 가르쳐 준 권중휘 선생님 이야기, 정의를 위해 겁 없이 양보하지 않았던 군대생활 이야기들은 결국, 어렸을 때 받았던 영향과 행동이 오늘의 자신이라는 말이었다. 그 외에도 잔잔하고 담담한 이야기들이다. 부모님의 짧은 이야기와 장기려 박사님

이야기도 있다.

　자신이 할 수 있는 근검절약의 사례 등도 독특하다. 해외 호텔에서 수건 하나로 일주일을 사용한 수건 절약, 담배꽁초 이야기, 겨울 난방비를 절약하기 위해 더 많은 돈을 투자하여 태양열 난방기를 지붕에 설치한 이야기, 물 절약을 위해 빗물을 받는 수통을 설치한 이야기 등은 매우 이채롭다. 그 외 흉물인 시내에 들어선 골프연습장 이야기도 들어 있다. 결국 주변 이야기 모두는 자신이 평소 생활하고 생각하는 것들이다. 특별히 자신을 다른 사람이 이렇게도 생각할 것이라는, 소설로 꾸민 이야기에는 그의 문학적인 소질이 듬뿍 담겨있기도 하다. 차갑게 느껴지기만 했던 그를 보는 시각이 바뀌었다. 결국 글이란 최고의 자기 세일이라는 생각이 들기도 한다. 어느 누구도 글을 써서 자신과 자신의 주변을 오염시키고 싶지 않을 것이다. 책의 제목처럼 잠깐 쉰 기분이 들게 한다. 사람은 무엇이든 생각하고 보기 나름이다. 주변에 주는 것 없이 보기 싫은 사람이 있거든 자신이 어떤 사람인지 자세히 살펴 볼 일이다.

Os Hillman
오스 힐먼의
하나님의 타이밍

저자 오스 힐먼은 '일터 사역'의 대부다. 12년간 광고 대행사를 운영하면서 아메리칸 익스프레스, 스타인웨이 앤 선즈 피아노 등의 고객을 위해 일했다. 그는 지금 '경제계 리더 협회'Market place Leaders Foundations의 설립자이자 대표로 활동하고 있다. 이 단체의 설립 목적은 일터에서 하나님의 소명을 실현하도록 돕는 데 있다. 또한 '일터사역 국제연합'International Coalition of Workplace Ministries과 '아슬란 그룹 출판사'Aslan Group Publishing의 대표이며, faithand workresources. com이라는 온라인 웹사이트도 운영하고 있다. 오스는 '신앙과 일'이라는 주제와 관련하여 국제적으로 인정받는 강연자로서, 사업가 모임과 교회 등에서 강연할 뿐 아니라 신앙과 일에 관련된 여러 책들을 쓰고 있다. 또한 그는 '일터 사역에 관한 와그너 리더십 연구소'Wagner Leadership Institute on Work place Ministry의 역량 있는 회원으로도 활동 중이다.(「생명의 말씀사」 정보)

책의 핵심주제는 소설처럼 기록한 '요셉 소명'이라는 내용이다. 요셉은 13년간 배신, 학대, 종살이, 억울한 일, 투옥 그리고 사랑하는 사람들과의 억지 이별 등 역경을 겪었다. 그러나 그는 30세에 정상에 우뚝 선다. 저자는 7년간의 역경을 기록하고 있다. 하나님은 악을 선용했다는 설명이다. 그는 가정 불화와 7년간 거래하던 거래처와의 해약으로 14만 달러의 대금을 받지 못했고 소송에 휘말렸다. 자산 20만 달러도 날아가 버렸고 함께 기도하고 시작했던 그리스도인의 형제도 돌아섰다. 말 그대로 아골 골짜기였다.

　　저자는 자신의 이런 모습을 가리켜 이스라엘의 '광야훈련'과 같다고 증언한다. 그는 밤은 별을 보게 되는 유일한 시간이라고 비유한다. 하나님이 이스라엘을 광야로 이끈 5가지의 이유를 자신에게 적용시킨다.(신8:1-5) 이런 와중에도 하나님은 기도할 때마다 까마귀를 통한 새로운 수입의 공급처를 제공했다고 간증한다. 결국 하나님은 사역자로 삼기 위해서 유다 시험, 성실성 시험, 인내 시험, 성공 후에 시험을 거친다는 것이다. 그 시험은 하나님께서 미리 알고 계시지만 훈련하고 있는 사역자 스스로가 하나님을 의뢰하게 하는 습관을 들이기 위함이다. 특히 이 훈련 중에 자신의 내면 안에 거하는 사단이 지배할 수 있는 '영적 요새화'를 설명하고 있다.(고후10:3-4) 스스로 알지 못하고 있는 '파괴적인 생각과 교만'이 자리 잡고 있을 수 있다. 이것은 다른 사람도 알고 나도 알 수 있지만 혼자만 아는 습관적인 것도 있다.

　　핵심은 이렇게 요약된다. "요셉의 결국은 창세기 50장에서 악을 선용하신 모습을 보게 된다. 고난과 역경이 오히려 소중한 열매를 맺게 한 것이다. 꿈이 실현되기 전 짓밟히기도 한다. 이 길은 거의 역경의 골짜기를 포함한다. 하나님은 현재보다 미래에 더 관심이 있다. 소명이 크고 높을수록 역경도 더욱 심하다. 하나님은 어떤 사역을 맡기신 후에 그 목표를 달성하려는 우리의 노력을 일부러 지체시킬 수 있다. 역설적이지만 사실이다. 하나님은 자신의 체계로부터 애굽을 제거하고 나를 광야로 이끈다. 하나님의 소명에 순종한다고 해서 곧 하나님의 축복과 공급하심이 늘 뒤따르는 것은 아니다. 역경 없이 성취된 일은 없다. 축복은 하나님의 선물이지 순종이 역경을 방지하는 보험은 아니다. 하나님은 곤고한 자를 그 곤고에서 구원하시며 학대 당할 즈음에 그의 귀를 여신다."(욥36:15)

설교에 대해서

해돈 로빈슨의 『탁월한 설교에는 무언가 있다』 · 정용섭의 『설교란 무엇인가』
Haddon W. Robinson

신성욱의 『목사님 설교 최고예요』 · 이찬수의 『일어나라』와 『보호하심』

장두만의 『청중이 귀를 기울이는 설교』

박영재의 『설교가 전달되지 않는 18가지 이유 1』 · 『9가지 설득법칙 2』

워렌 위어스비의 『이미지에 담긴 설교』 · 존 파이퍼의 『하나님을 설교하라』
Warren W. Wiersbe   John Piper

에드 스태저와 마이크 도슨의 『다시 부흥한 324교회 성장 리포트』
Ed Stetzer   Mike Dodson

빌 하이벨스의 『액시엄 Axiom』 · 윌리엄 칼3세의 『목회수업30』
Bill Hybels   William J. Carl III

Haddon W. Robinson
해돈 로빈슨의
탁월한 설교에는
무언가 있다

'로빈슨'이 40년이 넘는 기간 동안의 설교에 관한 연구를 제공하는 내용들이다. 좋은 설교와 그렇지 못한 설교의 차이점을 제공하고 작은 차이가 만드는 설교를 구체적으로 지적한다. 한 시간을 설교해도 20분처럼 하는 이가 있는가 하면 20분을 설교해도 한 시간이 넘는 듯하는 설교자가 있다. 그는 소년시절에 이것을 경험하고 해결하기 위해 평생을 질문해 왔다.

설교자, 설교자와 설교, 설교자와 청중이라는 3단원으로 시작하여 소제목을 달아 설명한다. 우선 나 개인적으로 적용하기 위해 다음과 같은 질문을 요약해 보았다. "신학과 복음전도 사이의 대립에 관한 문제, 성경 본문에 긴장성이 있다는 것을 인정한다면 어떤 유익이 있는가, 설교를 함에 있어서 위험들에 대해서 어떻게 대응해 왔는가, 한 문단의 주제를 발견한다는 것은 무슨 의미인가, 성경 저자의 목적과 설교의 목적은 각기 어떤 역할을 하는가, 설교를 함에 있어서 그래서 뭐? 이 질문에 응답은 무엇인가, 설교

재료 수집에 있어서 제안해 볼 수 있는 것은 무엇인가, 당신은 의사소통 능력을 증진시키기 위해서 무엇을 할 수 있는가, 설교자는 설교를 준비할 때 어떻게 설교를 듣는 성도들의 편에 설 수 있는가, 설교를 준비하는 동안 자신에게 물어 볼 수 있을까, 돈에 관해 설교할 때 만나게 되는 도전들은 어떤 것들이 있는가, 예수님은 돈에 관해서 왜 그렇게 많은 부분을 말씀하셨는가?"

이런 질문들에 대해서 스스로 답해 본다면 로빈슨의 의도를 어느 정도 알아차린다. 로빈슨은 직설적이기보다 그 해답을 스스로가 적용하도록 돕는다. 한 가지 예로서 자신이 실패한 이야기를 적었다. 그가 학교 총장으로 재직할 때였다. 당장 필요한 돈이 2만 달러였다. 그는 후원인에게 고작 일천 달러를 요구했다. 후원인은 즉석에서 일천 달러 수표를 내 주면서 "총장님은 제게 무례를 범했습니다."라는 뜻밖의 말을 남겼다. 그것은 "왜 2만 달러가 필요함에도 일천 달러만을 요구 했느냐?"는 질문이었다. 이것은 상대에 대한 배려일 수도 있었지만 '모욕' 일 수 있고 '무시' 라는 표현일 수도 있었다는 것을 상대방으로부터 설명을 들은 후였다. 그는 그날 이후 이 교훈을 배우는데 많은 돈을 지불했다고 고백했다.

정용섭의
설교란 무엇인가

16강으로 준비된 내용이다. 이 책은 다소 비평적이기도 하지만 기본으로 돌아가도록 충고한다. 설교자는 모름지기 성경의 '고유한 길'을 아는 사람이어야 하고 지휘자가 악보를 해석하듯 성경을 해석할 수 있어야 한다. 사건에 대한 구경꾼은 많지만 목숨을 담보로 한 솔직한 '증인'은 눈에 띄지 않는 시대다. 설교는 무엇보다 '텍스트'를 향해 꾸준한 질문이 있어야 한다. 가짜 시인이 어찌 위대한 시인의 '시'를 다 안다고 할 수 있겠는가. 설교란 모름지기 인간의 행위가 아닌 하나님의 행위에 관련된 것이다.

유진 피터슨의 경고처럼 설교는 "소비자 중심 신앙이어서도 안 되고 하나님이란 상품을 '포장' 해서도 안 된다." 그러므로 과잉 예화나 감상주의도 안 되며 도덕주의가 되거나 성서를 도구화해서도 안 된다. 설교란 성경과 청중 사이의 다리를 놓는 작업이 되어야 한다. 이 '다리'란 현실성을 정확하게 집어내야 하고 근본적인 것을 말해야 한다. 이것은 조직신학이 없이는 불가능하다. 설교에 있어 중요한 것은 성경 저자의 '편집의도'를 파악해야 한다. 이것은 '왜?'라는 질문이 있어야 한다. 예를 들면 입다의 이야기와 여호수아의 여리고 성의 진멸 등을 왜 그렇게 하셨는지 당시와 현재의 '삶의 자리'에서 파악해 봐야 한다. 자칫 문자에 얽매이다가 보면 설교는 사람을 살리는 게 아니라 죽이는 결과를 가져온다. 그런 의미에서 설교자는 현실을 정확하게 진단하고 예언자적인 상상력을 길러야 한다.

성경 해석에 있어 또 다른 중요 점은, 성경이 히브리어와 헬라어로 기록되기 이전에 원래의 말이 있었다는 사실이다. 하나님의 소리가 있었다. 예수님은 당시의 일반인들이 사용하던 '아람어'로 말씀하셨다. 그 아람어가 구전된 것이다. 다음엔 인문학에 대한 이해다. 하나님을 경험하는 방법으로 대개는 '수도원 영성'이다. 여기서 읽고 기도하고 명상하고 노동을 통해 하나님의 배타적 능력으로 창조하신 생명의 신비를 경험한다. 둘째는 신학이다. 기독교 신비주의자들이나 선승들의 경우 초월방식에서 진리에 도달하지만 어거스틴과 아퀴나스, 루터, 그리고 칼빈은 논리적 인식 체계를 통해 길을 찾았다. 셋째는 인문학이다. 수도원과 신학 훈련에서 간과되기 쉬운 부분이 인문학이다. 인간의 삶과 세계를 이해하려는 모든 인식론적 노력은 수도원과 신학적 사유의 리얼리티를 확보하기 때문이다. 그러므로 인문학 곧, 문학, 역사, 철학을 알지 못하고서는 성경에 대해 깊숙한 이해가 어렵다는 말이다.

모름지기 설교에서 청중과 설교자는 죽어야 성령이 산다. 이때 설교자의 역할은 소극적이어야 한다. 그렇다고 경건주의적 영성이어야 한다는 것도 아니다. 자칫 잘못하면 '죄의식'에 사로잡히게 만들거나 반대로 윤리적 성취감에 사로잡혀 스스로 만족하여 '교만' 하게 될 수도 있기 때문이다. 그러므로 일원론적 영성을 뛰어 넘어야 하고 삼위일체론적 영성으로 하나님과의 관계로까지 크게 확대되어야 한다. 현대 설교의 위기라면 기독교 신앙이 종교 상품처럼 소비되고 설교는 도구화 되었다. 이런 것에서 탈피하자면 일생을 구도자의 자세로 살아야 한다. 이 책에서 저자는 현재의 문제를 많이 지적하고 비평하였지만 자신 역시 그 '대안'에 있어서는 담담할 뿐이다. 문제와 바램을 진지하게 적어 내려간 저자의 의도는 설교가 텍스트와의 만남을 주선해야 하지만 그 방법은 암담하다. 설교에 자신감을 나타내는 사람은 이 지상에 단 한 사람도 없을 것이다. 결국 설교는 사람이 하지만 결과는 설교자도 회중도 사라지고 오직 '텍스트'만 남아야 한다.

신성욱의
목사님 설교 최고예요

　설교자는 그 누구나 할 것 없이 설교를 잘하길 열망한다. 이 책은 29가지의 '수사기법'을 설명하고 있다. 내용은 대부분 소제목에서 빗나가지 않는다. "명령형이나 정죄형보다는 희망을, 귀납적, 궁금유발형, 예측불허의 기법, 결론을 청중에게 맡기는 열린형, 질문, 직접화법, 부드러운 구어체, 과거의 사건을 현재 시제로, 기막힌 표현법, 상상력, 이미지 활용, 영상이나 걸작품 활용, 어려운 용어 대신에 쉬운 용어로, 말 꾸밈, 유머, 참신한 설교제목, 특별예화, 극적이고 충격적인 예화, 자신의 이야기, 휴먼예화, 출처가 분명한 예화, 업그레이드된 예화, 책 활용, 팝업 활용, 청중분석, 자기 동일시, 구체적 적용" 등이다.

　한 전공과목의 전문서적 10권 정도를 읽게 되면 어느 책이든 그 이야기가 그 내용 같은 게 사실이다. 왜냐하면 그 틀을 벗어나지 못하기 때문이다. 탁월한 설교의 원리는 설교자에 따라 각양각색 다양하고 독특하다. 특히 본서는 예화 부분에서 약간씩 비틀어 사용하는 것과 문학인처럼 상상력을 동원하여 사용할 것을 권한다. 전문인답게 후주를 달아 주었고 참고 문헌 역시 깔끔하게 정리되었다. 편집위원들의 실수인지 성경의 본문이 중복되거나 빠진 채 인쇄되었는데 작은 것이지만 흠으로 보인다.

  대부분 좋은 설교자는 자신을 끈질기게 훈련한다. 언어란 우선 소통이다. 소통이 되지 못하면 그것은 설교자로서는 부적격인 셈이다. 최근 불교와 천주교가 포교에 있어서 기독교를 앞지르고 있다는 분석을 본 적 있다. 물론 기독교의 치부들이 매스컴을 타는 사례도 무시할 수 없지만 '소통'에 있어, 불교와 천주교가 앞서고 있지 않은가 의문을 들게 한 사례를 들고 싶다. 특히 기독교에서 사용하고 있는 '주보양식, 설교, 예배형식, 찬양, 부흥회와 사경회' 등을 불교에서도 그대로 가져가 흉내가 아닌 실천하고 있다는 점이다. 스님이 불자들을 모아놓고 강연하고, 팝송을 부르며 웃기고 '즉문즉답'의 상담까지를 담당하고 있다. 학력도 기독교 못지않다. 현각의 경우는 백인이고, 혜민은 버클리와 예일대를 거쳐 하버드, 프린스턴대의 종교학 박사 출신이고 현재는 '미 햄프셔 대' 종교학 교수다. 이로 보건대 불교가 과거처럼 더 이상 도피적이지 않고 사회로 파고들어 소통하고 있는 게 확실하다. 법륜의 경우는 매스컴을 통해 젊은이들과 자연스러운 소통의 장을 자리잡아가고 있다. 앞으로 계속해서 불교가 이런 모습으로 발전하면 포교의 대상과 목표는 기독교를 능가할 것이다. 이뿐 아니라 포교 방법도 배워야 할지 모른다.
  이런 모습을 보면 기독교가 더 노력하고 자성하며 긴장해야겠다는 생각이다. 전달하는 내용에 있어서는 불교가 그렇더라도

'소통' 면에서 만큼은 뒤지고 있는 게 아닌가 싶다. 기독교의 설교의 핵심은 부활하신 예수님이다. 이것을 전달하는데 있어 설교로서의 의사소통이 대중에게 명확하게 전달되지 않는다면 문제다. 자신의 설교는 수준이 높아 대중적이지 못하다고 생각되면 자신이 수준을 낮추어 일반 대중에게 맞추어야 소통이 되는 설교가 아니겠는가. 언어란 소통이고 소통되지 않은 언어는 언어로서의 도구라기보다 의미 없는 '꽹과리'다. 말하는 것이나 글 쓰는 것은 그냥 대충되는 게 아니라 고된 훈련소에서 숙련된 조교로부터 훈련을 받고 객관적인 평가에 의해 판정되어야 한다. 가짜를 진짜처럼 설명하는 이가 있는가 하면, 진짜를 가짜처럼 느끼게 하는 이도 있다.

이찬수의
보호하심과
일어나라

저자는 최근 한국교회에서 신선한 느낌을 주고 있는 설교자 중에 하나다. 교인들을 가까운 데로 봉사하도록 내보내는 것과 교회가 사용하던 건물을 팔아 사회에 환원시키는 운동을 벌인다는 소식이다. 이 운동을 통해 기독교의 새로운 모범이 되기를 간절히 기대한다.

『보호하심』은 8편의 전개식으로 펼친 설교 내용이다. 활자 속에 뜨거움과 열정이 돋보인다. 설교가 어려운 것은 자칫 주종 관계를 잊는데 있다. 복음의 내용도 문제다. 구체적인 적용도 그렇다. 전하는 메신저로서의 자신이 먼저 준비된 태도여야 한다. 기도와 말씀, 묵상에서 흘러나온 내용이 선포되어야 한다. 이찬수 목사의 설교는 본문에서 또 다른 소제목을 찾아 그 소제목을 강론하는 게 특징이다. 이런 면에서 글쓰기의 귀재인 전병욱과 비슷한 스타일이다. 이 기법은 수많은 책을 탐독하지 않으면 준비하기가 어렵다. 이찬수의 설교는 솔직 담백하며 직설적이다. 한국교회가 이런 기법을 사용하는 곳이 없기에 새롭게 다가올지도 모른다.

  나 또한 설교를 할 때마다 후회하는 게 있다. 점검문제다. 귀납적인 방법과 연역적인 방법을 떠나 내가 전한 메시지가 율법적이진 않았는가. 복음은 명확했는가. 예화는 상황에 맞는가. 적용과 초청의 방법은 적절했는가. 이런 것들로 인해 아찔할 때도 많다. 이런 모든 문제를 무시하고서라도 내용만큼은 정직하고 준비는 철저해야 한다. 조나단 에드워드의 말처럼 말이다. (이찬수의 『보호하심』 규장 2012. 26쇄)

  두 번째 책 『일어나라』는 사사기를 중심으로 한 12편의 설교다. 본문에 매이지 않으면서도, 소제목들을 붙여 이끌어 나간 게 특색이다. 문자와 문맥에서 주는 느낌도 강하다. 자신의 경험을 삽입하여 메시지의 힘을 더하기도 했다. 사랑의 교회와 옥한흠 목사 이야기, 저자의 이민생활 7년, 주눅들고 고생하다가 담대함을 얻었던 일, 청소년 목회의 현장, 솔직 담백한 사건들과 자신의 유약한 이야기를 털어 놓기도 해서 생동감이 글 전체에 맴돈다. "고난의 악순환을 깨는 망치, 내 안에 있는 적을 먼저 다스려라, 담대함, 두려움을 떨치는 영적 시스템, 하나님 없는 성공은 패망" 등으로 엮었다. (pp15-207)

  설교집을 내 놓기가 여간 어렵지 않다. 한국에는 5만교회 이상이 있고 10만 이상이 현역 목회자다. 성경은 한 권인데 그 적용과 메시지는 수십 만 가지가 넘는다. 비슷하거나 같을 수 있는 것들이 많다. 대부분이 훈련된 목회자들이지만 메시지의 음성과 활자는 또 다르다. 물론 편집을 한다지만 어려운 건 마찬가지다. 본문은 같지만 글 쓰는 이의 논리와 적용되는 예화, 자신이 직접 경험한 일 등에서 메시지가 차별되게 나타난다. 특히 복음적인 부분에서 이탈되지 않아야 한다. 메시지 안에서 느끼는 영적인 부분은 그 다음 일이다. 어느 설교든지 간에 여호수아와 엘리야, 다윗, 사울의 뒷이야기에서 흐르는 믿음은 그리스도의 피 흘림과 십자가 부활로 이어져야 한다. 억지로 적용시킬 필요는 없겠지만 구약과 신약이 연결되지 않은 설교는 무언가 빠진 듯하여 아쉽다는 이야기다. 주인공인 예수 그리스도가 살아 움직이지 않는 전쟁터는 오합지졸들일 뿐이다. 이게 조금 아쉽다. 저자의 설교를 읽으면서 한 손에 망치를 들고 있는 모습이 그려진다. (이찬수의 『일어나라』 규장 2012. 9쇄)

장두만의

청중이
귀를 기울이는 설교

　배고픔이 입맛을 대신 할 수 있다. 하지만 오늘 날처럼 음식의 홍수시대에는 맛없는 음식은 더더욱 인기를 잃는다. 설교 역시 음식처럼 준비되지 않으면 청중에게 호응을 받지 못할 것이다. '청중이 귀를 기울이는 설교'를 바탕으로 몇 가지를 각색해 상기해 보고자 한다. "첫째, 지식이 만연된 시대에는 감정도 사실만큼이나 중요하다. 둘째, 지나친 지성이나 청중에 대한 무감각에서 오는 무지는 울리는 꽹과리가 될 것이다. 셋째, 분위기에 맞지 않는 길게 치렁거리는 치마 자락보다는 문장이 짧고 산뜻해야 제 맛을 낸다. 넷째, 내용 없는 일방적인 큰 소리의 선포보다는 잔잔한 대화체가 훨씬 부드러울 수 있다. 다섯째, 표현되는 언어는 쉬워야 하고 선택되어 사용된 어휘는 두뇌를 자극시켜야 한다. 여섯째, 유행어나 인기표현은 '패러디' 해서 사용하고 여기에 적절한 유머감각은 청중의 경계심을 해제케 하고 긴장을 완화하며 인간적인 면모를 보이게 할 것이다. 일곱째, 적절한 예화와 자연스러운 음성조절은 의사전달에 있어 매우 편하게 될 것이다."

본서를 읽으면서 내 나름대로 짧게 수정 가감해 보았다. 평범한 내용이지만 설교자가 주의를 기울이게 하는 저자의 의도가 배여 있다.

박영재의
설교가 전달되지 않는 18가지 이유 1

　인간관계는 소통에서 시작된다. 설교가 상호간의 소통이라면 그 방법도 다양하고 무한할 것이다. 저자는 설교가 전달되지 않는 이유 18가지를 들었다. 어떻게 하면 하나님의 말씀을 효과적으로 전달할 것인가를 기대하고 있는 게 이 책의 목적이다.

　저자가 지적하는 본문의 내용은 생소한 것들이 아니다. 일반적인 커뮤니케이션의 원리를 차분히 설명하고 있다. 내용은 다음과 같다. "일방적이 아닌 공감대의 형성, 창문을 넘어 사물을 보게 하고 자연스럽게 긴장감을 유지하며 청중들의 예상 수준을 뛰어넘어야 하고, 평범한 본문이 아닌 독특하게 나타내야 하며, 힘을 불어넣고 상대방이 알아듣게 말하고, 감정은 살아있고 주입보다는 설득하고, 적절한 예화로 확신을 준다. 무엇보다 하나님이 중심이 되게 하고 커뮤니케이션의 7대 원리(이해, 역지사지, 객관적 입장, 긍정적 표현, 자신감, 친밀감, 상호작용조절)를 활용하고 무엇보다 기도는 힘이다."(저자가 언급하고 있는 소제목을 알기 쉽게 하기 위해 수정되었음)

위에서 언급한 18가지를 확인하는 것만으로도 설교자는 긴장할 것이다. 방향을 잃은 항해사의 모습은 과연 어떨까? 자극도 없고 긴장도 없는 훤히 보이는 결론을 이야기한다면 지루하기만 할 것이다. 이런 면에서 보면 설교는 분명 하나님의 말씀을 포장한 예술이다. 한편의 드라마를 보는 듯 청중의 의도를 뛰어 넘는 팽팽한 긴장과 반전은 회중의 시선과 감정을 사로잡는다. 설교자는 하나님의 말씀을 맡은 연기자로서 절제된 언어와 치밀한 준비, 인간의 내면세계를 파헤쳐 내기도 해야 한다. 때로는 자신만이 독차지 하는 강단의 메시지보다는 핵심과 주제에 대한 깊이를 위해 창조적인 질문을 던져야 할 것이다. 무엇보다 긴장이 담긴 살아있는 예화는 말씀에 대한 확신을 도와 줄 것이다.

설교가 전달되지 않는 18가지의 이유 외에도 개인에 따라 더 많은 것들이 존재할 것이다. 일주일이면 3번 이상을 설교해야 하는 목회자에게 설교가 부담 되지 않는다면 거짓말이다. 부단한 자기개발과 쉬지 않는 독서, 말씀과 기도로 무장되지 않는다면 목회자는 방향을 잃은 선장의 모습이 될 것이다. 이 책은 선객들을 잔뜩 태운 선장이 무엇을 해야 하는지를 점검하고 선원들과 함께 항해를 지속해야 하는 책임을 묻는 내용이다. 목회자는 각양각색의 모습이다. 그런 면에서 18가지만이 아니라 그 너머에 또 다른 무엇이 있는가를 찾아내어야 한다.

박영재의
9가지 설득법칙 2

"한 편의 설교를 완성하기 위해서는 하나님으로부터 말씀을 받아야 하고 받은 말씀에 본문을 해석하고 해석된 본문을 효과적으로 전달하기 위해 말씀을 논리적으로 구성하는 과정을 거쳐 마침내 능력 있게 전달해야 한다." 결국 양질의 설교는 구성과 문장 사용, 그리고 논리 개발로 수사학의 영역이다. 히틀러가 국민들로부터 협력을 얻었던 것은 연설 속의 주 무기가 수사적 구성과 논리 화법의 사용 덕이었다. 아리스토텔레스의 정의 역시 '설득을 위한 능력'으로 수사학을 사용하라는 것이었다. 수사학에서는 3가지 요소를 강조한다. 첫째, 연설은 청중의 즉각적인 반응을 필요로 할 때 행해져야 한다. 왜 이런 주제로 설교해야 하는지 그 이유가 분명하고 단순해야 하며 적용은 날카로워야 한다. 둘째, 설교자는 청중이 누군가를 알아야 한다. 셋째, 설교자는 장소와 환경 주변의 요소들을 염두에 두고 스스로 제한 또는 강제성을 고려해야 한다. 제임스 콕스는 설교의 4가지 기능을 선포, 가르침, 증언, 예언적 기능을 꼽았다.

청중이 설교를 듣게 만들어야 한다. 성도와 설교자의 간격과 신뢰는 그 중의 하나다. 오래된 인간관계는 눈만 봐도 통한다. 라스칼조는 이를 위해 3가지 원리를 제시하는데 동일시론의 진행과정과 상호간의 깊은 관심의 상호과정, 그리고 성장과정을 들었다. 연설자의 논리로 이성에 호소하는 방법이다. 효과적인 논리로 이분법과 삼분법을 사용할 수 있고 상황에 따라 연역법과 귀납법 형식을 취한다. 이성적 논리와 감정에 호소하고 설교자의 인격으로 호소해야 한다. 분명한 자료와 출처를 밝히고, 때론 추정과 가치, 질과 양을 비교하고 질서의 논리를 활용한다. 아울러 분명한 목적과 존재의 논리와 본질을 활용한다.

양면성을 지닌 게 인간이다. 긍정적 언어를 활용하고 믿고 인정해 주는 일은 선을 자극하는데 필요하다. 사실보다 과장하여 말하는 방법도 효과적이다. 오른 눈이 범죄하면 빼어버리라는 등의 말이다. 그 외 동의적 반복이나 증폭도 사용할 만하다. 때로는 부정문, 수사적 질문, 은유와 직유, 같은 의미를 다른 형태로 나타내는 대위법과 일부로서 전체를 나타내는 제유법, 그 외 설교자가 '우리'라는 단어를 사용하여 자신도 포함하는 게 효과적이다. 무엇보다 불필요한 단어들을 제거하고 문장을 짧게 해야 한다. 리차드는 우리가 사용하는 언어는 사실적인 내용을 전달하는 사실언어와 감정을 일으킬 목적의 감정언어, 그리고 문장의 핵심을 전달하는 수사rhetorical언어가 있다고 했다. 추상적인 단어가 아닌 구체적으로 느끼고 그림으로 연상되는 단어나 문장을 사용한다면 청중들은 이미지를 떠올릴 수 있을 것이다. 예수님이 사용하신 '들의 백합화, 공중 나는 새'는 훌륭한 그림언어다. 스멜리는 정서적 그림언어를 다음과 같이 말한다. "분명한 목적을 세우고, 다른 사람과의 관심거리를 연구하고, 마르지 않는 4개의 샘(상상언어)에서 끄집어내고, 연습하고, 적절한 시간을 선택하고, 해보고 또 해보고, 그림언어를 힘껏 짜내라." 다른 말로 말하면 창의력 개발이다.(pp19-200)

위에 열거한 내용을 보더라도 아는 것과 적용은 차이가 있다. "구슬이 서 말이라도 꿰어야 보배다. 소금은 집어 넣어야 짠맛을 낸다." 프레젠테이션의 경우와 설교자는 부단한 노력과 훈련뿐이다. 본서는 설교를 효과적으로 전달하기 위해 수사학이나 논술이론, 문학적 기초이론을 적용시키고 있다. 설교는 상호 커뮤니케이션이란 점에서 다양한 각도에서 접근하고 적용이 가능하다. 그러나 지나친 성경 밖의 이론을 인위적으로 끌어들인다면 성령의 음성에 둔감해질 수 있을 것이다. 무엇보다 중요한 것은 말씀과 기도의 영역을 벗어나지 않는 범위에서 적용해야 한다는 점이고, 늘 말씀에 갈급함이 있어야 할 것이다. 이명박 전 대통령의 경우 3분 기조연설을 위해 8시간을 연습했다는 말은 지도자로서 빈틈없는 책임과 자질을 스스로 입증하고 있는 셈이다.

Warren W. Wiersbe
워렌 위어스비의
이미지에 담긴 설교

"언어는 존재의 집이다"라고 마틴 하이데커가 말했다. 설교는 목사의 존재 이유와 밀접하다. 모세오경, 역사서, 시가서, 예언서, 설교자, 사도행전, 계시록 등에는 얼마만큼의 이미지가 들어 있을까? 역사를 추적해 보면 상상력의 가치를 높이 평가하지는 않았다. 상상력이 현실관이나 영적 생활에 부정적인 영향을 끼칠까 두려워서였다.(p193) 플라톤은 이상주의였다. 그는 현실을 절대성 또는 보편성의 복사물로 보아 어떤 상을 만들거나 그림을 그리는 예술가들은 복사된 것을 또 다시 복사하는 사람들로 생각했다. 결국 예술이란 위험한 것으로 보았고 '우상숭배에 이르게도 할 수 있는데 이는 또 다른 약점이다'라고 했다. (p193, 바울은 이것을 인정한다 롬1:18) 반면 아리스토텔레스는 "상상력은 현실의 끈이 되어 현실을 연결시켜 준다. 이성적인 상상력은 내적 인격과 외적인 현실 세계를 연결시키는 '다리'가 된다고 했다."(p194) 플라톤과 아리스토텔레스는 '상상력은 그 자체로서 모방이고 창조가 아니다'라고 보았다. 플라톤의 철학은 종합을 강조하고 아리스토텔레스는 분석 분리 즉 쪼개는 것을 강조한다.

 "이스라엘은 상상력을 근본적으로 악하다고 생각했다. 구약성경에서 상상력이 언급될 때마다 거의 악이라는 개념이 함께 나타난다.(창6:5, 8:21, 겔13:2, 17) 유대인들은 자연을 영광의 현시라고 보았다. 중세시대 역시 상상력을 재생산의 힘으로 간주 했을 뿐 창조적인 힘이라고 생각하지 않았다. 상상력은 어려움을 야기시키는 근원으로 보았다. 르네상스 시대의 학자들은 그리스 사상의 고전에 입각해 근대세계와 중세의 다리를 놓았다. 새로운 인본주의와 인간이 만물의 척도라는 사상이 나타났다. 새로운 개인주의도 나타났는데 이것은 중세 유럽의 '집단 사유' 정신을 거부하는 제도였다. 이때 근대 과학의 토대가 마련되었다. 청교도들 역시 하나님만 높이려는 사람들이었다. 이들은 인위적인 장식들을 매우 싫어했다. 플라톤은 상상력이 현실을 파괴한다고 말했고 유대인들은 현실을 위협한다고 했다. 중세교회는 상상력이 경건한 사람들의 마음을 빼앗아 간다고 했고 르네상스 시대에는 상상력이 현실을 창조한다고 했다. 서구 현대 시대에 이르러서는 우리가 실재를 탐구하는데 없어서는 안 될 필요한 도구라고 대답을 한다. 동양 세계에서는 상상력은 그 실재 자체라고 말한다. 왜냐하면 상상력은 물질과 영혼을 연결시키기 때문이다."(상상력의 역사 부분 축약 pp193-201)

 관심 있게 이 책을 들여다 본 이유는 '시'의 주제와 제목들이 널려 있었다. 성경은 은유와 상징으로 많은 부분을 할애하고 있었다. 일일이 언급하지 않더라도 성경을 펴는 순간 이미지들로 가득

한 것을 목격한다. 숯불, 가족, 꺼진 등불, 반석, 멍에, 처녀, 땅 위의 거름, 나그네, 법정, 그물, 뿌리 뽑힌 나무, 개, 노새와 말, 뱀 사자, 달팽이, 신랑신부, 간단히 적어보기만 해도 수 없다. 만일 비유를 빼고 성경을 기록하라고 했더라면 성경이 말씀하고 있는 중심적인 메시지는 가능하지 않았을 것이다.

John Piper
존 파이퍼의
하나님을 설교하라

"설교가 곧 예배입니다. 설교한다는 것은 하나님의 말씀, 성경 본문을 설명하고 그 말씀에 환호함으로써 예배하는 것입니다." 이처럼 저자는 책의 제목처럼 '하나님을 설교하라' 고 강조한다. 저자 자신은 조나단 에드워드의 영향을 받은 사람으로서 2부에서 에드워드의 지침을 기록하고 있다. "설교의 목적은 하나님의 영광이며, 설교의 토대는 그리스도의 십자가다. 설교의 은사는 성령의 은사이며, 설교는 진지함과 즐거움이 따라야 한다."(pp27-69) 그렇다면 어떻게 하나님을 최고로 높이는 설교를 할 것인가? 조나단은 한결같이 하나님을 중심에 두었고 하나님을 최고로 높였다.(pp99-119) 특히 저자는 찌르기만 해도 성경이 흘러나오는 이들, 피를 토하는 간절함으로 진리를 논한 이들의 책을 읽으라고 권한다. 에드워드가 설교에 언급했던 핵심들은 다음과 같았다. "거룩한 감정을 불러일으키고, 새로운 정신을 깨우치며 성경에 푹 잠기게 하며, 비유와 이미지를 사용해 때론 위협하고 경고하며 반응에 호소하고, 마음의 움직임을 파헤치며 기도로 성령께 굴복하고 상한 심령과 온유한 마음으로 전하되 치열하게 전하라."
(pp120-153)

　책은 짧고 간결하다. 저자의 말대로 오늘날 하나님의 위엄이 절대 필요하다. 이 위엄을 모른다면 하나님을 설교하지 못한다. 저자는 심장의 통증을 느끼듯 여호와의 영광을 사모해야 함을 호소한다. 설교자가 하나님을 최고로 높이는 설교를 하지 않는다면 어디서 하나님의 최고의 주권을 들을 수 있는지 질문한다. 설교자는 하나님의 비밀을 맡은 자이기 때문에 더더욱 그렇다. 이 책은 제목만으로도 충격을 던진 셈이다. 번역서로써 선택된 단어와 어휘들이 다소 매끄럽지 못하여 부분적으로 문장이 유유하지 못한 것이 흠이다. 그러나 짧고 단순하지만 강력한 메시지를 포함하고 있는 것이 특징이기도 하다.

Ed Stetzer Mike Dodson
에드 스태저와 **마이크 도슨**의

다시 부흥한
324교회 성장 리포트

본서는 '선교학'의 논문으로 다시 부흥하게 된 19개 교단의 324개 교회들의 리포트다. 여기에서 나타난 지도자들은 특히 리더십, 믿음, 평신도 사역, 전도 분야에서 의도적인 변화의 과정이 있었다고 말한다. 그들의 예배는 축제였고 질서정연하며 풍부한 정보와 현대적이라고 설명한다. 만일 당신이 목회자이거나 교회 지도자라면 그 변화는 당신에게서 시작된다. 당신의 삶에 활력을 불어 넣고 당신의 초점을 바르게 하라. 루이스와 콜디로는 말한다. "당신은 당신의 아는 것을 가르치지만 사람들은 당신의 성품과 모범을 통해 당신의 모습을 닮는다."(pp272-274 결론부분에서 말하는 내용을 축약)

예수님은 교회들을 사랑하셔서 자신을 주셨다. 그리고 내 교회를 세우리라고 선언하셨고 우리에게 그 일에 동참할 것을 허락하셨다. 이것이 교회의 기초다. 그렇다면 왜 교회를 다시 살려야 하는가? 교회는 주님이 세우시고 복을 주시겠다고 약속하신 유일한 기관이다. 여기에 필요한 다양한 도구는 무엇이 있을까? 리더십과 믿음, 예배, 전략적인 전도, 동기부여, 소그룹, 새롭게 변화된 지도자 외에도 많은 요소들이 있을 것이다.

본서는 이 문제를 파악하기 위해 6부작의 논문으로 시작했다. 그리고 성경적인 교회의 기준을 6가지로 보고 있다. 즉 성경의 권위, 성경적 리더십, 설교와 가르침, 규례, 연약공동체, 선교이다. 저자는 성장의 장애요소로서 30가지를 열거하고 있는데 특히, 죄를 묵인하는 것과 기도하지 않는 교만을 들었다. 특히 성장을 저해하는 것 중 하나는 변화를 시도하지 않는 것이다. 담배를 피우면서 안내하는 사람을 묵인하는 경우나, 책임과 의무는 구체적으로 변화되어야 할 부분 중 하나다. 이 외에 관계를 통한 안정감과 분위기, 시설과 마케팅, 분담된 조직을 들었고 가장 큰 도전은 태도와 재정을 들었다.

사람이 모이고 성장한 교회는 분명 이유가 있다. 지도자는 그 근본적인 이유를 모를 수도 있다. 성공한 후에는 언제나 철학이나 성공사례집이 만들어진다. 성경적인 태도와 성경적인 모델로만 순종한다면 이 땅의 교회는 성장할 것이다. 본서는 성경에서 이탈된 지상의 교회들에게 그 기본을 짚어 주고 아는 것과 실천하는 데에는 많은 차이가 있다는 것도 꼬집는다.

Bill Hybels
빌 하이벨스의
액시엄 Axiom

리더십의 '핵심'을 적어 내려간 책이다. 어느 책이든 원칙은 저자에게 있다. 저자는 서문에서 잠언을 특히 좋아한다고 적었다. 잠언은 신선한 영감을 주기 때문이란다. 내용 역시 잠언형식으로 기록되었다. 자신의 목회생활에서 얻고 경험했던 76개의 '축약된 언어'들로 된 메시지다. '리더십'에 관한 책을 많이 봤지만 이만큼 핵심을 명확히 찔러주는 책은 드물다.

내용을 점검해 본다. "단어를 선별해서 사용하라. 부탁은 크게 하라. 성장은 정체로 이어짐을 유념하라. 열정적인 비전. 삯꾼이 되지 말고 주인이 되라. 올인 하는 대신 모험하라. 결국 하나님만이 하신다고 고백하라. 핵심가치를 제도화 하라. 교회의 본질을 놓치지 말라. 상대방이 거절하리라고 지레짐작하지 말라. 인사를 잘하라. 편하게 말하라. 의사소통을 분명히 하고 정확하게 하라. 사역자들의 성과를 점수로 매기라. 행동지향적인 리더라 되라. 24시간 이내로 응답하라. 전투의 한복판에서 싸우라. 절대로 양들을 때리지 말라. 부지런한 리더가 되라. 자신의 신념과 가치를 치열히 붙들라. 읽을 수 있는 책은 다 읽으라. 절대로 돈 때문에 일하지 말라. 마무리를 잘하라."

전 목회생활을 통해서 자신의 의견과 사고와 철학을 내놓는다는 것은 쉽지 않다. 빌은 자신의 목회적 돌봄에서 얻은 많은 정보를 공개했다. 누구나 마찬가지겠지만 한 권의 책 안에는 저자의 깊숙한 '스토리'들이 배여 있다. 항간에는 릭 워렌은 자기 철학을 정리했고 하이벨스는 그게 없다고 말하지만 나는 이 책이 하이벨스 자신을 정리했다고 믿는다. 대부분의 성공한 사람들의 철학 스토리는 자기가 만드는 게 아니라 분석가들에 의해 탄생한다. 하이벨스는 책의 제목을 "액시엄" 즉 '절대 원리'라고 적었다. 내용 중에서 놓칠 수 없었던 한 가지 원리는 "삯꾼과 모험, 사역자들을 점수로 매기라"라는 점이 충격적이었다. 저자는 '이 원리는 평생을 통해서 얻은 것'이라고 고백했다. 70억의 인구 중 어느 누군들 중요하지 않은 사람은 없다. 모두가 창조주 앞에서 동등하고 소중하다. 그 소중한 기록들을 함께 나누는 것은 또 한 사람을 사귀고 배우는 기회가 된다. 그런 의미에서 이 책은 매우 신선한 리더십이다. 그 사람의 책을 3권 정도만 읽더라도 친구처럼 친근해진다는 생각에서도 그렇다.

William J. Carl III
윌리엄 칼3세의
목회수업 30

'목회란 무엇인가'를 30여 명으로부터 간단명료하게 설명을 듣고 주장한 내용들이다. 여기에 등장한 필진들은 대부분 전문인들이고 설교학자들이다. 내용은 후회, 조언, 충고, 격려 등이다. 되풀이 되고 있는 많은 말씀 중에 가슴에 남는 말이 있다. "깊숙하게 파고 연구하되 쉽게 설교하라"는 말씀과 "훌륭한 설교자는 훌륭한 독자다"라는 말이다.

목사의 설교가 길어지자 한 농부가 옆에 있는 농부에게 말했다. "언제나 끝내실까?" 그러자 옆에 있던 농부가 대답했다. "설교는 벌써 다 한 것 같은데 아직 마치려고 하지 않는 것 같네." 이와 같은 말을 들어선 안 되지만 현실이다. 어느 누군들 심금을 울리는 설교를 하고 싶지 않겠는가. 어떤 이는 "하나님을 사랑하고 사람을 사랑하라고 권면하기도 했다." 어떤 이는 프린스턴 시절의 만찬을 잊지 못한다며 책을 읽으라고 했다. 그는 이어서 산문과 시, 역사와 철학, 신학과 지질학, 성경과 성경에 관한 책을 읽고 싶다고 했다. 또 다른 이는 글쓰기로 아침을 시작하라고 한다. 매일 아침 글쓰기 훈련은 청교도들의 일상이었음을 상기시켰고 이로 인해 고해성사를 배제해 버린 결과였다. 어떤 이는 가장 중요한 설교 자료는 회중이란다. 너무 당연한 말을 나는 곧잘 잊어버린다. 그 외 다양성, '멘토'를 찾아라, 사탄과 협상을 포기하라, 설교는 성경적이다, 내 조언을 듣지 말고 너 자신이 되어라, 비신학자의 책을 읽어라, 상상력 활용하기, 이 외에도 많은 부분이 나를 어지럽혔다.

이 모든 이들의 주장과 목회수업은 '한'이 없는 듯하다. 모두가 맞는 말이지만 이 모두를 포용하기에는 자신의 철학과 삶의 자리가 흔들릴 수 있다. 목회의 고수들의 말이지만 어느 정도는 자신이 되어있는 모습으로 살아야 한다는 생각이다. 결국은 목회에 발을 들여 놓은 사람들에게 주는 필요한 질문들이고 응답이다. 목회란 인간에 관한 질문이고 이해이며, 성경을 통해 그들을 돌봐야 한다는 생각에 변함이 없다. 30인에게 들은 목회수업은 그야 말로 다양하다. 그러나 이들 모두는 성경의 원리를 따라야 한다는 점에는 동의한다. 목회의 돌봄에서 가장 시급한 것이 하루 동안의 시간 관리다. 여기서 실패한다면 목회 역시 실패. 언제 기도와 말씀을 연구하며 책을 읽을 것인가는 각자의 몫이다. 시간이 남아도는 것도, 촌음을 아껴야 하는 것도 목회다.

Ⅱ. 일반

무엇이 자신감을 갖게 하는가

도올 김용옥의 『사랑하지 말자』 · E. L. 제임스의 『50가지 그림자』
E. L. James
김난도의 『천 번을 흔들려야 어른이 된다』 · 김난도의 『아프니까 청춘이다』
윤혜미의 『남자의 멋 · 품 · 격』 · 윤선현의 『하루 15분 정리의 힘』
나구모 오시노리의 『1일 1식』
南雲吉則

도올 김용옥의
사랑하지 말자

　책은 서막에서 시작하여 청춘, 역사, 조국, 대선, 우주, 천지, 종교, 사랑, 음식, 그리고 도남, 후기로 끝난다. 청춘에서 대선까지의 글 외에는 읽어 나가기가 쉽지 않은 내용이다. 읽는 동안 저자의 궤변적이고 논리적인 문장에 잠깐 동안 빠져들기도 했다. 우주와 천지, 이 두 사상으로부터 연역되었고 우주에서 대선까지를 유기적으로 다루고 있다는 점이 흥미롭다. 섭렵한 내용만 보더라도 대단하다. 그는 한신대 출신이자 원광대학교에서 한의학을 전공했다. 하버드에서의 논문이 '주역'이란 점을 밝히기도 했다.

　이 책은 대선 전에 나온 것이다. '대선'의 끝 부분에 그는 이렇게 적었다. "인생은 꿈으로 시작하여 비극의 해탈로 끝난다. 꿈과 해탈을 연결하는 외나무 다리는 모험이다. 인생은 오직 모험이 있을 뿐이다. 끊임없는 도전 없이 젊음은 유지 되지 않는다. 나는 젊다!" 이 말은 저자가 진심으로 젊은이들에게 던져주고 싶은 내용인 듯하다. 과거도 미래도 아닌 오늘의 삶을 강조한 것을 보더라도 말이다. 후기에서는 서구의 어느 사상가도 생각하지 않았던 민족 철학의 자존심을 지킨다는 생각으로 이 책을 만들었다고 고백했다.

눈에 들어오는 문장 몇 개만 적어보면 다음과 같다. "청춘은 반항이다. 거역이다, 항거다! 역사란 광대한 주제지만 고대와 중세와 근대가 있을 수 없다." 조국에 대한 내용에서는 박정희 전 대통령에 대한 긍정과 부정적인 내력을 자세히 공개했고, 대선 주자들의 모습을 교묘하지만 아리송하도록 표현하기도 했다. 그 외 우주, 천지에서는 주역학자다운 면모로 세상의 이치를 설명하고 있는데 미처 알지 못했던 부분을 자세히 안내해 주고 있다. 이를테면 바위의 수명이라든지 바위가 어떻게 활동하고 있는지에 대해서도 보통 사람들이 간과한 내용을 놓치지 않고 있다. 종교, 사랑, 음식 부분에서도 역설적이지만 수긍되는 내용들이다. 우리가 먹는 음식도 '오후불식'으로 오후에는 절제하라는 내용인 '5시 이후에는 먹지 말라'는 말은 비만인 사람들에게는 만고의 진리인 듯싶다. "사랑이란"에서는 '케미스트리'로서 결국 '꼴림'이며 꼴림이란 신경 말단에서 분비되는 화학물질의 작용이란 것이다. 사랑이 페로몬의 화학작용이라니 황당하면서도 어느 정도 이해가 되는 말이기도 하다. 사랑의 부가적인 설명에서 그는 '불트만'의 사랑의 계명과 '신구약'의 율법, 종교를 특정제도가 아닌 인간 보편성의 현상으로 연구한 최초의 사상가 슐라이에르마하의 『자의식 속에서의 느낌feeling』에 이르기까지 자세히 설명하고 있다(pp17-351).

책 한 권을 한마디로 표현하기는 매우 어렵다. 내가 보고 느낀

점만을 적은 노트에 불과하다. 저자는 비 그리스도인이다. 그렇지만 한신대학에서 신학과 철학, 그리고 한의학을 전공한 학자다. 뿐만 아니라 젊은이들에게 민중의 흐름을 만들어 낸 '도올 서원'과 전 국민을 향한 300회의 TV강의로 인문학의 새로운 장과 고전교육 운동을 열기도 했다. 또한 물질계의 세상과 기독교의 세상, 스스로 정리된 사고와 철학을 알기 쉽게 펼쳐 냈다. 책의 장점은 저자 스스로가 '주장' 하고 있는 내용이 동양사상에 근거한 것이고, 단점은 기독교에 대한 비판과 세상을 비성서적 시각으로 보고 있다는 것이다. 하여튼 책을 읽는 내내 '김용옥답다' 란 생각은 했다.

E. L. James
E.L. 제임스의
50가지 그림자 1-6

이 책은 여기에 수록할까 말까를 망설였다. 많은 사람들이 궁금하게 여기고 많은 양의 책이 팔렸기에 그 궁금증의 해결과 미성숙한 청소년들의 정서를 해칠 우려 때문에 넣기로 결정했다. 서점에 들려 책을 보니 무려 6권이다. 도대체 무슨 내용을 이렇게 많이 기록했는지가 궁금했다. 결국 구입하긴 했지만 엄두가 나질 않아 방 귀퉁이에 처박아 두었다. 집에 돌아와 우연히 'SAM'S' 클럽에 들렸더니 내가 가지고 있는 『50가지 그림자』가 무더기로 쌓여 있었는데 펴보지 못하도록 하나하나 비닐이 감겨 있었다. 결국 책의 비닐을 하나하나 벗기면서 모두 읽게 된 셈이다.

우선 책의 내용을 한마디로 요약한다면 '아나스타샤 스틸'이라는 졸업반 여대생과 '크리스천 그레이'라는 부자 청년과의 사랑을 그린 이야기다. 두 주인공의 이름을 우선 '아나'와 '크리스천'으로 생략하고 설명해보겠다. 아나는 꿈 많은 젊은 여대생이고 크리스천은 세상의 모든 것을 소유하고 있는 부자 청년이다. 아나는 힘껏 일해야 의식주가 해결되지만 크리스천은 마음만 먹으면 무엇이든지 가질 수 있는 능력이 있고 아주 잘 생긴 남자이다. 아나는 하루 종일 힘들게 자동차로 달려야 아버지 집에 도착하지만 크리스천은 전용 헬기로 단 한 시간이면 도달한다. 출판사 편집일을 하고 있는 아나는 꿈은 있지만 현실이 냉혹하고 차디차다는 걸 알고 있다. 반면 크리스천은 손을 대지 않고도 입 하나만 움직이면 세상을 움직이게 할 수 있다. 기계처럼 척척 일을 해내는 직원과 비서들, 아름다운 최고의 저택들과 개인도서관, 그리고 꼼꼼하게 음식과 옷들을 챙겨주는 사람들에게 크리스천은 철저히 보호받고 있다. 21살의 순수하고 가슴만 벌렁거리는 대학 졸업반의 아나와 많은 사람들이 흠모하고 신비에 둘러싸인 27살의 젊은 남자 크리스천은 호화 요트를 타고 유럽 여행을 떠난다. 새로 산 차가 고장 나면 금방 바꿔주는 능력 있는 크리스천, 가지고 싶었지만 아나의 능력으로는 전혀 불가능한 물건을 선물로 알아서 척척 대기시켜주는 남자 크리스천, 소설의 내용은 대략 이렇게 짐작하면 된다. 그런데 그 사랑이란 게 사람들 안에 숨겨진 남녀 간의 성적 표현의 내용을 여러 각도에서 세밀하게 공개하고 있다. 소설은 아나와 크리스천의 성행위의 계약서를 비롯한 남녀의 적나라한 '표현' 등이 주 내용을 이루고 있다. 줄거리가 간단한 반면에 성적 행위를 묘사하고 있는 단어와 문장들이 대부분을 차지하고 있는데 어디서 그런 단어를 모았는지 헉, 하고 혀를 차게 만든다.

이런 능력 있는 남자가 호기심을 갖고 접근했을 때 과연 거절할 여자가 있을까, 한 번 쯤은 이런 남자하고 살아보는 게 꿈이 아닐까, 현대를 살아가는 여자들의 대리 만족으로 부족함이 없을 듯하다. 물론 이건 소설이고 허구다. 허구를 즐기는 이유는 독자의 대리만족을 시켜 줄 수도 있지만 저자가 세태를 은근히 고발하는 내용도 포함한다. 하여튼 무뎌진 몸의 감각을 새로 태어나게 하고 싶은 환자들에게는 필요한 소설인 듯하다.

소설의 뒷배경에는 주인공 크리스천이 어릴 적 엄마의 친구로부터 성추행을 당한 아픔이 있었음을 이야기한다. 저자의 의도가 과연 어디에 있을까를 생각해 본다. 이 책은 소설의 가치와 문학적 장르를 혼동하는 사람에게 추천하고 싶은 책은 아니다.

이 소설의 원저자보다 더 실력 있는 사람은 '박은서' 라는 역자가 아닌가 싶다. 박은서는 전문 번역가로써, 참신한 단어와 다양한 상상력의 표현을 영어에서 한글로 바꾸어 놓는데 성공했다. 이어 역자는 종이 책이 설 자리를 잃어가는 시대에도 사람들에게 읽히는 소설을 우리말로 소개하고 싶은 것이 자신의 소망이라고 밝히고 있다. 문학적인 감각과 새로운 어휘들을 공부하고 싶은 사람이 아니라면 구태여 이런 소설을 읽는 것은 시간 낭비다. 나 또한 조직신학을 배경으로 한 소설을 반드시 남기고 싶은 게 마지막 욕심이다.

김난도의
천 번을
흔들려야 어른이 된다

　4부로 구성된 내용에는 '네 운명을 사랑하라. 청춘 세상에 나가다. 만나라, 사랑하라, 그리고 살아가라. 생의 전환점에 들어서려는 그대에게' 라는 차례로 적어나갔다. 저자는 『아프니까 청춘이다』라는 책을 써서 엄청난 호응을 받았다. 『천 번을 흔들려야 어른이 된다』는 그 두 번째 책이다. 주요 핵심내용은 다음과 같은 것들이다.

　"우리는 인생을 새로 시작해보고 싶다고 하면서도 실제로는 그러지 못한다. 손에 쥔 것들을 놓지 못하기 때문이다. 연연하는 것을 놓아버리면 삶은 벅찬 도전이 된다. 당신은 어른입니까? 라는 질문을 던졌을 때 긍정적인 답은 거의 없었다. '아모르파티Amor Fati, 네 운명을 사랑하라.' 생을 다한 마지막 순간, 내 영결식장에서 드러날 나의 가치는 과연 얼마나 될까? 최악의 집주인이 최고의 집주인이 된 인생의 반전드라마. 위기가 깊을수록 반전은 짜릿하다. 오스카 와일드는 '인간의 가장 큰 불행은 두 가지다. 하나는 꿈을 이루지 못한 것이고, 또 하나는 꿈이 이루어져 버린 것이다.' 30억 원의 로또에 당첨이 된다 해도 지금하고 있는 일을 계속할 것인가, 스스로 물어보라. 자신의 일이 시시해 보이는 것은 다른 직업과 자신의 직업을 비교하기 때문이다. 일은 나 자신의 정체성이며 본질이다. 금곡 선생이 말하는 大運의 조건 4가지를 곰곰이 생각해 보라. "말이 적어야 한다. 수식어가 적어야 한다. 얼굴색이 좋아야 한다. 마지막은 신발을 가지런히 놓아야 한다." 마지막 부분의 신발이야기는 '인생의 기본'을 가리키는 말인 듯하다.

"결혼은 가치관의 문제다. 결혼에는 많은 고통이 따르고, 독신은 즐거움이 없다. 인간에 있어 중요한 건 성품이다. 이 세상에 아프지 않은 사람은 없다. 소비에 주의하라. '이것은 내게 정말 필요한가? 이것은 합리적인 가격인가? 한 달 후에도 나는 이것을 지금처럼 간절하게 원할 것인가?' 이 셋 중에 하나라도 자신 있게 '예'라고 답할 수 없다면 과감히 돌아서라. 남의 눈 너무 의식하지 마라, 남들은 당신이 생각하는 것처럼 당신에게 별 관심이 없다. 인간의 진짜 면모는 그의 취미에 의해 알 수 있다-레이놀즈. 병이 있는 사람이 장수하고 약점이 많은 사람이 성공한다. 24시간을 계산하여 내가 어느 경점에 와 있는지를 점검하라. 자신에게 조금은 너그러워야 강박에서 벗어난다. 해야 할 일은 무엇이든 내일로 미루지 말고 '지금' 하라."

지극히 평범한 것들을 주목하게 했다. 세상의 아픈 사람들을 위로하고 격려하는 내용들이다. 『아프니까 청춘이다』로 542쇄를 기록했던 저자 자신도 한 사람의 독자로부터 당신의 글이 깊이가 없다는 직설에 아파야 했다는 고백은 조금은 엄살같지만 진실로 와 닿는다. 세상에 바람 타지 않는 사람 없듯 아프지 않은 사람 또한 없다. 가능하면 함께 살아가야 하는 게 우리다. 현실은 모질도록 차갑지만 살아가다 보면 길이 생기기 마련이다. 포기하지 말고 살자. 살되 시간을 절약하고 계획을 세우자. 오늘 할 일에 충실하다 보면 일주일 동안 해야 할 일도 알게 되고 1년, 5년, 10년까지도 계획이 세워진다. 목표가 있으면 성취감도 생기고 우선 흥분을 느낀다. 그러면서도 좌우 흔들거리면서 사는 게 우리네 모두가 아닌가. 저자는 평범한 것을 소재로 위로와 격려를 주고 있다.

김난도의
아프니까 청춘이다

강의실과 연구실만 오가는 교수가 아니라, 젊은이들과 교감을 나누고 현재와 미래를 함께 고민하는 스승의 모습을 담은 내용이다. 저자 자신도 중고등학교의 학부형이며 이 글은 자신의 아들을 위해 적었다고 고백한다. 대학생 시절에는 불안하고 막막하고 흔들리고 외롭고 두근거리기도 한다. 이뿐 아니라 일탈도 다양하게 경험한다. 참으로 광풍노도의 시기다. 수많은 자기계발 서적이 범람하고 있지만, 이 책은 젊은 층을 표적으로 옹호하고 설득하고 있다는 점에서 특이하다.

저자는 평범한 소재들을 개인적으로 비틀어 적용한다. 부정을 긍정으로 인식하며 긍정을 부정으로 돌려치기도 했다. 저자의 글 쓰는 수준은 정상을 차지한 전문작가를 능가한다. 때론 궤변적이고 논리적이다. 상담기법도 내담자 중심으로 탁월하게 이끈다. 특히 자신이 전공한 분야로 밥 먹고 사는 것도 아니다. 그는 법대를 나와 행정학을 전공하여 소비자 트렌드를 연구하고 있다. 이 책이 542쇄를 기록했다면 이미 인세는 전문작가를 뺨친 격이다. 저자는 대학생 때부터 목표가 뚜렷했던 것 같고 장, 단기 목표가 분명한 듯했다. 포기해야 할 것이 무엇인지 알고 우선순위를 파악하고 실천하여 오늘에 이른 듯하다.

특별한 내용은 아니다. 저자 자신의 경험과 젊은이들의 고민을 그들 편에서 변호했다. '그대의 인생은 몇 시인가'를 질문으로 삶의 계산법을 설명하기도 했고(pp16-22), 꽃이 피는 계절에 거두려 하지 말고 투자할 시기에 재테크 하지 말 것을 권하기도 했다(p62). 작심삼일은 당연하고 기적은 서서히 이루어진다고 충고한다. 글공부 해둬라. 힘이 세다는 걸 은근히 자랑하기도 했다(p179). 특히 여러 차례 강조한 것은 '스펙'이 아닌 너 자신만의 '이야기', 너만의 '브랜드'를 갖고 있어야 한다는 것을 반복하고 또 호소했다.(pp267-276)

책을 읽는 중 특별히 가슴에 남는 것은 "내일이 아닌 오늘을 살라"고 강조한 것이다. 오늘의 한 시간이 모아져 내일이 되고 일생이 된다는 이야기다. 목표를 이루는 것도 '오늘' 하루를 충실하게 살아야 된다는 것을 강조했다. 저자 자신이, 일 년 동안 하루에 한 시간씩 영어 공부에 투자하여 집중한 것이 평생 동안 효자 노릇했다는 이야기다. 현직 교수가 강의하랴 연구 논문 쓰랴 상담하랴, 엄청 시간 쪼개기가 어려울 텐데, 평범한 이야기를 재미와 재치로 엮어 나간 것이 인상적이다. 고뇌하는 젊은이들에게 꼭 필요한 글이다.

윤혜미의

남자의
멋·품·격

　요란하지도 궁하지도 않은 남자의 멋을 이야기 한 책이다. 저자는 여성으로서 1995년 KBS 스포츠 뉴스를 시작으로 KBS 9시 뉴스, 열린 음악회, 스펀지, 명작스캔들 등 보도제작국 프로그램의 스타일리스트로 일하고 있다. 이 책은 현장 경험의 노하우를 담고 있다. 모두 5장으로 구성되어 있는데 '남자의 옷차림의 일곱 가지 공식, 클래식 슈트, 비즈니스 캐주얼, 캐주얼, 디테일'이다. 그 중에서 "딱 맞게 입어라. 기본에 충실하라. 겉보다 속에 투자하라. 배경색과 조화를 생각하라. 교양의 수준인 슈트, 디테일을 완성하는 액세서리, 역동적이지만 격식 있는 재킷, 세월이 지나도 좋기만한 청바지, 첫인상의 8할은 머리모양, 이미지를 교정하는 안경. 남자의 멋은 메시지를 던진다." 등이 마음에 와 닿는다.

　저자는 패션 전문가로써 여성의 눈으로 남자의 멋을 설명하고 있다. 부연설명은 다음과 같다. "사진과 함께 설명하고 있는 저자의 말은 딱 맞는 옷차림이야 말로 사람의 자세를 바꾸게 하고 체형까지 교정해 준다는 것이다. 얼굴에 있는 '점'은 가능한 제거하는 게 좋고 헤어스타일로 가능한 2:8만 고집하지 말고 바꾸라고 조언한다. 무엇보다도 동안의 비밀은 '눈빛'이란다. 가능한 세 가지 색을 넘기지 말고 패션은 은근하게 드러나는 속옷에서 완성된다. 양말은 가능한 눈에 띄지 않아야 하므로 로고가 없는 것으로 선택하며 컬러는 입고 있는 옷보다 짙어야 한다. 슈트보다는 셔츠에 투자하라. 화이트셔츠는 많을수록 좋다. 기성복을 수선하는 것은 가능한 피해야 한다. 구두는 의상보다 어두운 것을 신으면 된다. 가죽제품은 최소 20년 쓰겠다는 생각으로 고르라. 벨트는 구두와 같은 색상으로 통일하라. 남자의 액세서리는 자신의 수준을 표현하는 또 다른 수준이다. 브랜드가 과해도 지나치게 느껴지지 않은 유일한 소품은 만년필이다. 패턴은 원단의 퀄리티를 보장할 수 없을 때 들어가는 것이라고 생각하면 된다. 그러므로 가장 중요한 것은 원단이다. 입고 있는 옷에는 그 사람의 사고방식과 삶의 향기가 묻어 있다. 깔끔하게 다려진 셔츠는 내일을 준비하는 계획성을 보여주고 향긋한 비누 내음은 그를 기억하는 또 다른 매개체가 된다. 사람의 첫인상은 헤어스타일에서 결정된다. 안경은 헤어스타일 다음으로 이미지를 결정한다. 무엇보다 옷맵시를 위해서는 체형관리가 중요하다. 남자의 멋은 메시지를 던진다."

대부분 고개가 끄덕여 지는 내용이다. 사실, 안경 하나만 잘 써도 사람의 인상이 바뀌고 속옷 하나만 세련되게 입어도 달리 보이는 게 사실이다. 잠깐 만나도 머리와 구두만 봐도 대략 그 사람을 짐작해 낸다. 물론 예외는 있겠지만 가능하다면 전문가의 조언은 필요하다. 조금만 생각하고 노력하면 좋은 남자의 멋과 품위를 지켜낸다는 것이다. 더 나아가 외모는 자신의 명함이며 메시지란다. 나의 경우 오래 전 괜찮은 안경테를 구해 착용하는 순간 전혀 다른 이미지로 보인다는 말을 들었다. 사진을 찍어 봐도 확실했다. 최근에 발전된 성형술은 놀랍다. 가능하면 자신 없는 부위를 고치는 것도 자신과 다른 이들을 위해 좋겠다는 생각을 한다. 무엇보다도 전문가의 조언이나 책은 또 다른 나를 만드는 '수단'이 된다는 것을 놓칠 일이 아니다.

윤선현의
하루 15분
정리의 힘

　정리의 재발견, 정리는 돈이며 시간이고 인테리어며 삶의 의욕이고 여유며 실행력이고 창조력이며 기회라고 강조한다. 저자는 『단순하게 살아라』라는 책을 계기로 정리 관련 사업을 하기로 결정했다. 우리 곁에는 불필요하게 많은 물건들이 쌓여 있다. 쓸모없는 전공서적, 각종잡지와 프린트물, 처치곤란한 옷, 업무나 인맥정리까지 정리할 것들로 가득 차 있다. 지갑 속의 물건만도 그렇다. 왜 정리를 못할까?

　첫째가 여유도 없고 시간도 없다고 한다. 그러나 찬찬히 따져보면 집이 좁은 게 아니라 필요 없는 물건이 너무 많다. 그 다음 핑계로는 내일로 미루는 것이고, 마지막은 정리할 의욕 자체가 없다. 정리란 따지고 보면 자신과 남을 위한 사랑이며 배려라 할 수 있다. 사실 우리 모두는 필요 없는 것들에 집착하는 경우가 많다. 정리란 그냥 소유하는 게 아니라 객관적으로 볼 수 있게 해준다. 정리를 잘하려면 필요 없는 물건을 매일 하나씩 버리는 습관을 실천해 보는 게 좋다. 아인슈타인은 자신의 실험실을 보고 싶다는 기자의 질문에 "내게 가장 중요한 것은 만년필과 필요 없는 메모지를 버릴 수 있는 휴지통입니다"라고 답했다. 이처럼 천재는 혼란을 지배한다. 책상을 정리하면 업무가 정리되고 업무가 정리되면 퇴근 후의 삶도 달라진다. 지갑 하나를 정리할 수 있다면 곧 인생까지 정리할 수 있게 된다 해도 과언이 아니다. 그렇다면 왜 정리가 필요한가?

인생을 3등분하면 '나서, 살다가 죽는다'로 구분된다. 맨 마지막이 '죽음'이다. 죽음을 정리해 놓지 않을 경우 누군가 후에 많은 고생을 하게 된다. 어떤 이는 3개월 심지어 몇 년이 되어도 정리하지 못하는 사람이 있다. 죽음을 정리하는 것은 남아 있는 사람을 위해서 뿐 아니라 궁극적인 것은 나 자신을 위해서다. 정리를 미루는 사람은 삶의 끝을 맞이하는 장면이 다르다. 이 뿐이 아니다. 정리를 미루다가 뒤통수 맞는 경우는 허다하다. 정리로 성공한 대표적인 사례로는 "오케이아웃도어닷컴의 아침정리시간, 옐로우햇의 화장실 청소하는 사장, 이랜드의 정리스피릿, 아이젠하워"가 유명하다. 그렇다면 무엇을 정리해야 하는가?

일과 물건, 시간과 인맥, 공간 등 정리해야 할 목록은 여러 가지다. 이를테면 옷이 많을수록 옷을 고르는 시간도 오래 걸린다. 과감하게 버려라. 생각까지도 유효기간을 두어 일정 시간이 되면 떠나보내야 한다. 보지 않는 책, 사용하지 않는 볼펜, 아이들의 옷, 서랍장, 필요한 사람들에게 나누어라. 정리를 시작할 때 목적과 가치를 염두에 두라. 너무 물건에 집착하지 마라. 버릴 것에 대한 기준을 마련하라. 미루지 마라. 필요 없는 트로피도 버리고 어릴 때 받았던 상장도 버려라. 과거의 나도 멋졌지만 현재의 나도 멋지다는 것을 인정해야 발전한다. 20세 이상 성인의 경우 24시간을 3등분 하면 필수 생활시간 10시간 38분, 의무생활시간 8시간 35분, 여가 생활시간 4시간 48분이다. 이 중 내가 관리 할 시간은 14시간뿐이다. 궁극적으로 시간 조망은 인생 전체를 바라보게 된다. 자신의 일생을 만들기 위해 10년 내로, 1년 내로, 한 달 내로, 일주일 내로, 오늘 내로 해야 할 일, 최소 30분 단위로 차곡차곡 정리되어 있어야 한다. 27세에 백만장자가 된 폴 마이어는 이렇게 말했다. "계획을 수립하는 것은 성공과 실패의 분기점이다. 왜냐하면 계획을 할 때 생각을 확실하게 하게 되고 확실한 생각은 자신의 행동에 채찍질을 하기 때문이다. 명확한 계획은 명확한 결과는 낳는다."『체크리스트』의 저자 아툴가완다는 미국의 외과 의사다. 그는 '수술실 체크리스트'를 만들어 의료사고 30%를 줄였고 환자 사망률 47%를 줄였다. 이 '체크리스트' 는 이젠 병원뿐 아니라 공사 현장이나 항공기에서도 쓰이고 심지어 화장실에서도 쓰인다. 이처럼 정리의 힘은 중요하다.

   신간으로 꽂혀있어 살까 말까 하다가 구한 책이다. 국내1호의 '정리 컨설턴트' 라고 소개한 저자는 나름대로 많은 사람들에게 기여하고 있다. 우리가 평소에 알고 있지만 실천에 옮기지 못하는 것이 너무 많다. 버려야 할 책과 옷가지들 정말 무슨 미련으로 집착하며 버리지 못하는지 자신에게 차분하게 질문해 보고 지금부터 하나씩 버리는 습관을 들여야겠다. 사실 나도 간직하고 있는 책을 버리기 위해서 이 글을 쓰기 시작했다. 버리자니 아깝고 두자니 엄청난 짐이다. 이렇게 메모해 놓으면 버리는 일이 쉬워진다.

南雲吉則
나구모 오시노리의
1일 1식

  이 책의 목표는 100세가 되어도 피부가 매끈하고 허리가 잘록한 상태로 사는 것이다. 이를 위한 효과적인 방법이 '공복, 완전식품, 수면' 세가지다. 저자는 4대째 의사 집안 출신이다. 조부는 52세, 아버지는 62세에 심근경색으로 쓰러졌다. 저자는 심각한 죽음의 공포를 경험했다. 저자는 40대에 굉장한 비만이었다. 그는 10년 째 1일1식을 하고 있다. "음식은 통째로 먹는다, 밥을 먹었으면 곧 잔다, 밤10시부터 새벽2시는 골든타임이다, 아침햇살과 함께 일어나라, 건강해지려고 운동하지 마라, 디저트와 술은 비싼 것으로 조금씩만 먹어라, 설탕과 소금은 멀리하라, 공복에 커피 마시지 말라, 몸을 따뜻하게 하지 마라, 모델처럼 가뿐히 척척 걸어라." 이상은 그의 10계명이다.

  덜 먹는 것이 왜 건강에 좋을까? 세상의 모든 동식물들은 굶주림과 추위 속에서 생명력 유전자를 얻어왔다. 위험이 닥치면 세포도 활성화되는 게 사실이다. 저자는 자연계의 법칙을 매우 설득력 있게 설명하고 있다. 실제로 포식 인은 지구상에서 서서히 자취를 감추고 지구는 공복 인이 차지하게 된다는 설명도 같은 이치다. 체내에 축적된 내장지방을 태우는 방법은 '굶주림과 추위'라는 것을 동면하는 동물을 통해 설명한다. 인간의 경우 쓸데없이 많이 비축된 내장지방을 태우는 방법은 1일1식이라는 설명이다. 뱃속에서 꼬르륵 하고 소리를 내는 것은 공복을 알리는 소리인데 이때 생명력의 유전자 중의 하나인 '시르투인sirtuins(장수)유전자'가 발현하고 있기 때문이란다. 극단적인 설명으로서 당뇨에 걸리면 그 다음의 표적은 포식기관이다. 음식을 섭취하는 기능이 좋으면 점점 더 먹게 되고 살이 찐다. 이 때문에 몸은 포식기관을 공격해서 살이 찌지 못하도록 막는다는 것이다. 첫째 공격대상은 '눈'이고, 둘째는 '신장'이며, 셋째는 '다리'라는 것이다. 결국 이렇게 되고 나서야 사람은 음식을 먹지 않는다는 기가 막힌 설명이다. 당뇨병에 걸린 사람들에게 어떻게 들릴지 모르지만 일리 있는 말인 듯하다.

건강은 반드시 외부로 나타나야 한다고 말한다. 자연계에서도 수컷의 경우 종족번식을 위해서라도 암컷에게 어필해야 한다는 설명이다. 배가 고픈데도 음식물이 들어오지 않으면 우리 몸은 뱃속에 비축되어 있던 내장지방을 분해하여 영양으로 변환시킨다. 내장 지방은 원래 동면을 위해 모아둔 비상용 연료다. 그러니 어지간해서는 쉽게 연소되지 않는다는 말이다. 운동을 하더라도 근육 내의 '글리코겐'이라는 당을 먼저 소모시키고 저 혈당이 되어 배가 고프고 음식물을 다시 섭취하게 되면 이번에는 '인슐린'이 분비되어 거꾸로 내장지방이 축적되어 비만의 악순환에 빠진다는 설명이다. 그러므로 한 끼를 먹는 순간 식욕억제 호르몬이 분비되어 '렙틴'의 양을 정상화시키고 신체의 감수성을 되찾게 된다는 이치다. 이렇게 삼 일만 해도 2킬로그램은 줄어든다. 저자는 책의 뒷부분에서 세상의 질서는 '공존공생'이라고 주장한다. 그런데 오직 사람만이 교만한 사고방식을 갖고 욕심을 부린단다. 필요 이상으로 다른 생명의 목숨을 빼앗고 있다고 고발하면서 겸손한 마음으로 감사한 마음을 가지라고 한다.

　개인적으로 볼 때 누구나 적용 가능하다. 특별한 노동자의 경우는 예외겠지만 대부분 긍정적인 내용들이다. 내가 경험한 바로도 적게 먹으면 아침에 붓지도 않고 속이 편하고 몸도 가볍고 삶이 즐겁다. 하루 한 끼가 아니더라도 소식은 절대적이다. 나와 같이 음식을 몇 차례 나누던 지인이 매번 음식량의 반을 덜어 놓는걸 보았다. 매우 존경스러웠다. 태도에도 몸에 밴 절제가 있었다. 그의 피부는 살아있었고 매끈하며 몸 전체에서 풍기고 있는 모습 역시 아름다움 그 자체였다. 100세의 모습에서도 관리한 결과가 나타난다는 것은 빈말이 아닌 듯하다. 거울에 비추어진 내 모습은 지금까지 내가 관리한 결과다.

태도는 사실보다 중요하다, 라는 말의 의미

박웅현의 『책은 도끼다』· 김정운의 『남자의 물건』
강상구의 『마흔에 읽는 손자병법』· 새넌 폭스의 『마지막에 결혼하는 여자가 이긴다』
                                Shannon Fox
위지안의 『오늘 내가 살아갈 이유』· 김훈의 『흑산』
       于娟
Sam Kim의 '여성주의 性인지적 觀點에서 본 소설 『아내가 결혼했다』
최인철의 『프레임』· 정순태의 『송의 눈물』
교보문고의 『광화문에서 읽다 거닐다 느끼다』· 이외수의 『절대강자』

박웅현의
책은 도끼다

저자의 인문학 강의 내용이다. 이름 곁에 저작권 표시를 해 놓은 게 특별하다. 자신이 개발한 제목이란 뜻이다. 괜찮은 책을 선택하여 Fan Poem 형식을 취했다. 꼬집어 말한다면 선택한 문장이나 어휘를 자신의 의지로 재해석했다는 뜻이다. 선별된 책은 문학인이라면 친근한 것들이다. 이를테면 이철수의 『산벗나무 꽃 피었네』, 『마른풀의 노래』, 『이렇게 좋은 날』, 『최인훈 전집』, 이오덕의 『나도 쓸모 있을 걸』, 김훈의 『자전거여행』, 알랭드 보통의 『불안』, 고은의 『순간의 꽃』, 밀란 쿤데리의 『참을 수 없는 존재의 가벼움』, 레프 톨스토이의 『안나 카레니나』 외에도 고전 수십 권이다.

저자는 책 안에 있는 몇 문장과 어휘를 선택하여 독자들과 자연스럽게 자신의 견해를 나누는 형태를 취하고 있다. 이런 강의를 통해서 모든 독자는 저자와 함께 작가가 되는 기분을 느끼게 된다. 읽는 사람과 쓴 사람을 연결하고 마음에 드는 몇 구절을 짤막하게 덧붙여 새로운 글을 만들어 내기 때문이다. 이것은 저자의 글을 카피했다라고 볼 수 없을 것이다. 연작이라는 새로운 개념이 맞을 것이다. 이런 것들은 디지털 시대가 갖는 새로운 문화 환경이다.

저자는 '책은 도끼다' 란 주제를 가지고 포스트모던시대의 감각에 맞게 자신의 느낌과 사고대로 강론한다. 책은 천천히 읽으라고 권한다. 맞는 말이긴 하지만 책을 읽는 목적은 독자마다 다르다. 시도 그렇고 책도 그렇지만 다 좋을 수는 없다. 단 몇 문장이 '도끼' 가 되어 찍힌다면 그나마 다행이다. 강의를 한 저자 자신도 몇 문장을 가지고 엄청난 문장처럼 설명한 곳도 있다. 내가 보기엔 대수롭지 않는데도 말이다. 이 책을 읽으면서 나의 아버지와 어머니께서 평소에 하신 '어록들' 을 상기하며 기록해 보면 어떨까 생각해 보았다. 다른 이들의 기록도 소중하지만 오늘의 자신을 있게 만든 사람의 어록은 얼마나 소중한가.

김정운의
남자의 물건

　'남자의 물건'이라는 제목을 붙인 데서부터 사람의 이목을 끈다. 저자 김정운은 심리학 20년 연구와 명지대학교 교수로 소개되고 있다. 1부는 '남자들에게'라는 부제를 붙였다. 대부분 자신의 사건을 말하고 있지만 보통 것을 특별하게 취급했고 특별한 것을 대수롭지 않게 취급하는 기발한 생각들을 엿볼 수 있다. '남자의 물건'이란 특별한 제목을 통해 남자들만의 특별한 세계를 취급했다는 데서 돋보인다. 예를 들자면 이런 거다. "시키는 일만 하면 개도 미친다. 제발 자신과 싸우지 마라. 망사 스타킹 보이지만 안 보이는 것으로 해라. 남자는 개 아니면 애다. 진짜 무서운 건 늙은 수컷들의 질투다." 이처럼 소제목들만 봐도 웃음을 찍어낸다.

　김정운은 이 외에도 남자의 특별한 물건들을 취급했다. 유명 인사들과 인터뷰를 하여 공개한 내용들이다. 김갑수의 커피 그라인더, 윤관준의 모자, 김정운의 만년필, 이어령의 책상, 신영복의 벼루, 차범근의 계란 받침대, 안성기의 스케치북, 문재인의 바둑판, 조영남의 안경, 김문수의 수첩, 유영구의 지도, 이왈종의 면도기, 박범신의 수납 통, 이들은 하나같이 독특한 물건들을 소지하고 있다. 김정운은 자신의 글만 쓴 것이 아니라 다른 사람들을 만나 이야기하고 그 소감을 적었다. 개개인의 일상들을 우리가 언제 만날 수 있겠는가. 남자의 그 물건뿐 아니라 남자들이면 누구나 소지하고 있는 그 물건 이외의 만남에서 인간적인 싸한 생각이 머물게 한다. 저자가 특별하지만 결코 특별하지 않은 나와 같은 생각을 하는 외로움을 타는 사람이구나 하는 공감에서 이 시대 남자들은 무엇으로 사는가를 생각하게 하는 책이다. 우선 내용이 재미도 있지만 다양한 생각을 하게 한다. 한 사람의 단면이지만 13명의 물건들을 나열하면서 너무 억지로 적지 않았나 하는 느낌을 주기도 했다.

강상구의
마흔에 읽는
손자병법

손자병법은 전쟁의 기술이다. 싸움은 오직 생존이며 반드시 이겨야 한다. 이 책은 병법을 저자가 구체적인 예화를 들면서 재편집한 것이다. "전쟁이란 무엇인가. 오래 끌면 헛장사다. 싸우지 않고 이기는 게 승리다. 이기는 싸움만 한다. 계란으로 바위치기와 바위로 계란치기. 선택과 집중. 지름길은 없다. 장수의 조건. 본질은 숨어있다. 패전의 이유. 본심을 들키면 진다. 얻는 게 없으면 나서지 않는다. 아는 게 힘이다." 제목들만 보더라도 금방 상상이 가는 내용들이다. 전쟁은 신중해야 한다. 전쟁은 객기도 아니고 힘자랑도 아니다. 전쟁은 죽느냐 사느냐 뿐이다. 규칙도 없다. 어떤 면에서 역사는 비겁한 인간들이 만들어 왔다.

전쟁은 하루에 천금이 든다. 미국의 이라크 전쟁 비용은 대충 하루 2,000억 원이 들어갔다. 이 돈은 갈수록 늘어나 하루 3천 500억, 1분에 2억 3천만 원이 들어갔다. 그래서 세계는 전쟁을 두려워하고 상대에게 겁만 주는 것이다. 아이러니하게도 전쟁의

승부는 현장을 지휘하는 장군에게 있지만 이것을 또 명령하는 것은 국가의 '헤드'다. 전쟁은 따라야 할 명령이 있고 따르면 죽는 결과가 있게 마련이다. 그러나 장군은 명령에 따라야 한다. 이것을 거부하고 전쟁에 승리하더라도 그는 처벌대상이다. 이순신이 그랬고 맥아더도 결국 그랬다. 현대전에서는 양상이 다르겠지만 본질은 같다. 전쟁에는 오직 이익뿐이다. 사람을 움직이는 데는 첫째 이익, 둘째 위엄, 셋째 명분이라고 한비자는 말한다. 특히 간첩 적용 방법을 5가지로 지적한다. '향간'은 적지에 사는 사람이고, '내간'은 적의 고위급 인사며, '반간'은 적의 간첩을 내편으로 만드는 것이고 '사간'은 허위정보를 적에게 전하고, '생간'은 돌아와 보고한다. 인간은 언제나 이익을 쫓아 움직인다. 사람을 움직이는 동기는 사랑도 배려도 의리도 인정도 아니다. 오직 이익뿐이다. 이것은 병법이나 한비자의 말이나 모두 공통적이다.

전쟁은 싸워야 할지 말아야 할지를 아는 자가 이긴다. 이라크에서 보는 바와 같이 싸움은 언제나 이익과 명분을 걸지만 약자에게는 억울하기도 하다. 개인이나 국가 간도 마찬가지다. 싸움이란 생존이다. 책은 그것을 직접적으로 가리키거나 지혜를 주는 건 없지만 읽으면서 느끼는 감각은 언제나 새롭다. 좋은 책은 그 내용에서 또 다른 생각을 하게 한다. 적용 예화라면 짧고 명확해야 하는데 '손자'의 본문과 일치하는 산뜻하고 명확한 적용이 아쉬웠다.

Shannon Fox
새넌 폭스의
마지막에
결혼하는 여자가 이긴다

이 책은 나의 딸에게 선물로 준 책이다. 결혼 전 끝내야 할 10가지 인생 공부 내용으로 '우정, 가족, 커리어, 경제생활, 감정, 신체상, 독립, 신앙, 성, 모험' 등이다. 결혼은 조금 늦더라도 인생을 행복하게 살아야 한다는 비밀을 적은 책이다. 위의 소제목들에서 밝힌 대로 남녀관계나 재정적 관리와 건강과 독립 등에 관해 구체적으로 이야기하고 있다.

인간관계의 행복이나 자기계발서가 한결같이 주장하고 있는 것이지만, 이 책은 개인생활의 구체적이고 그 실제적인 것을 밝히 안내하고 있다. 남녀의 차이에 있어서 성적인 부분의 신성함, 소비문제에 있어서 카드빚으로 인한 정신건강, 내일에 대한 목표 등을 점검 확인하는데 도움을 받는다. 내게는 이미 지난 이야기들이지만 아이들의 미래를 결정하는데 도움이 되는 목록들을 유심히 지켜봤다. 특히 가족과의 문제해결, 자신이 하고 싶은 일을 찾는 것, 돈에 책임을 져야 한다는 것, 감정을 조절해야 한다는 것과 부모에게서 독립해야 한다는 점이다. 번역서지만 우리의 현실과 문화에 맞는 결혼 전에 꼭 알아두어야 할 내용이다.

　원리는 언제나 가까운데 있다. 하지만 그 원리를 적용하느냐 하지 못하느냐는 커다란 '차이'를 낸다. 작은 것 하나도 습관에 이르기에는 노력을 필요로 한다. 모두가 부자는 될 수 없지만 경제적인 걱정은 없어야 할 것이다. 이를 위해서는 돈에 대한 '관리'가 분명해야 한다. 이 책은 원리를 제공하지만 개인에게 적용할 수 있는 구체적인 내용은 없다. '부뚜막의 소금도 집어넣어야 짜다'란 말은 이런데 두고 한 말이다. 마땅히 모든 책임은 각자의 몫이다. 나 또한 예외가 될 수 없다. 책을 딸에게 읽히고 내용을 함께 나누는 즐거움 또한 크다.

于娟
위지안의

오늘 내가
살아갈 이유

　　1979년생, 어릴 때부터 남달랐던 그녀, 상하이 자오통대학 졸업 후 노르웨이 오슬로 대학에서 환경경제학 전공으로 박사학위 취득, 상하이 푸단대학교 교수가 된다. 세계 100명 안에 드는 환경경제를 연구한 교수 중 한 명이다. 그런 그녀가 2009년 10월 말기 암이라는 판정을 받았다. 그러나 곧 좌절과 분노를 딛고 자신의 남은 시간을 차분하게 정리하며 블로그에 연재했던 글이 책으로 나왔다. 나는 오늘 그녀의 책 제목 "오늘 내가 살아갈 이유"로 설교하기로 결정했다. 그만큼 우리의 현재가 중요하기 때문이다. 그녀가 말한 소중한 인생의 목록은 모두 38개다. 몇 개를 간추려 보면 다음과 같다.

　　"우리 삶에 정해진 법칙이란 없다. 인사조차 나눌 틈이 없는 작별도 있다. 똑똑한 사람 행세는 괴로운 낙인이다. 믿음이란 순도 100%다. 진짜 성공은 하모니더라. 아름다운 추억은 지혜의 보따리다. 누구나 막대한 빚을 지고 있다. 위해 주는 마음이 차이를 만든다. 착한 사람이 가장 강하더라. 성취의 절반은 책 읽기에서였다. 나를 위해 희생한 사람이 있었다는 것 잊지 마라. 어쨌거나 이것도 지나가는 것이다. 남에게 줄 것은 항상 넘친다. 다른 이의 마음에 심은 씨앗은 크게 자라더라. 나보다 더 가슴 아픈 사람이 있다."

읽기를 마치고 책장을 덮는데 "인생이 철들자 죽는다."라는 말이 스쳤다. 나이 30대 초에 교수가 된다는 것은 꿈같은 일이다. 어린 자녀와 남편을 남겨두고 담담히 떠나는 모습이 숙연하다. 그녀는 2011년 4월 19일 새벽 3시에 떠났다. 암 판정을 받은 후 일 년을 조금 넘게 살았다. 짧은 생애였지만 그녀가 남긴 몇 마디의 언어는 많은 영혼들을 영원히 빛나게 하기에 충분하다. 뼛속까지 파고들어 척추 부분이 까맣게 퇴색되게 했던 '암'이었지만 사고와 정신까지 병들게 하지는 못했다. 100년을 살아도 하지 못하는 일을 짧은 기간에 모두 했다는 게 대단하다. 8년 동안 소녀 하나를 후원한 일, 자신이 무절제하게 밤늦게까지 공부에 매달리고 음식도 마구 먹었던 일, 특히 육식을 가리지 않고 먹었던 일 등을 참회하는 모습이 안타까웠다. 그래서 암이 걸린 것인지 모르지만 자신이 생각하기에는 그럴지도 모른다고 적었다. 사람은 죽음의 막다른 골목 앞에서 자신을 정확하게 본다는 게 맞는 듯하다. 사람이 한 번 죽는 것은 정한 이치지만 더 살려고 버둥거리지 않고 이렇게 차분하게 소중한 '메시지'를 남기고 떠나는 것도 쉽지 않다. 그가 얻은 '성취의 절반은 책'이었다는 고백이 뇌리에 남는다.

김훈의
흑산

조선 후기 청나라에서 들어오는 천주교 전래에 관한 이야기다. 정약용의 일가를 배경으로 순교하는 장면을 그리고 있다. 그 배경과 인물 하나하나를 섬세하고 절묘하게 묘사했다. 문장은 흐트러짐이 없다. 그 안에서 소리를 들으며 냄새를 맡게 한다. 김훈만이 가진 문체인 듯하다.

조정에서는 새로운 문화의 야소교회를 막으려 한다. 이 과정에서 선구자 역할을 하고 있었던 탁월한 인물들을 모두 제거한다. 소설은 현재와 과거의 정치적 이슈를 강하게 노출시켜 보려는 의도가 아니었는가 생각된다. 현재 한국은 이념이 다른 남북 대치 상황에 있다. 통일이 된다 하더라도 수많은 정치적 희생자들이 생겨날 것이다. 가난하고 힘없는 노동자, 농민과 학생들이야 살아남겠지만 지식인들은 당연히 제거 대상이다. 김훈은 천주교의 전래 과정을 설명하면서 학자들이 박해 당하고 귀양살이를 하다가 끝내 참수를 당하는 일을 사실적으로 표현한다. 그러나 맨 마지막 부분 결론절을 수탉의 활기찬 울음으로 끝낸다. 조선의 기독교는 피 흘린 발자취지만 승리의 아침을 이렇게 맞이한 것이다.

아쉬운 점은 영광스러운 순교의 그 뒷이야기와 복음의 핵심은 언급되지 못하고 있다. 단지 이야기를 끌고 나가는 과정에서 기독교적으로 표현하는데 그친다. 그러나 문학적 가치로서의 문장이나 어휘력에 있어서는 낯선 감각으로 다가 왔고, 짧고 단순한 소제목들은 그 내용을 선명하게 해 주고, 한 문장 한 문장이 의미있게 다가왔다.

Sam Kim의
'여성주의 性인지적 觀點'에서 본 소설
아내가 결혼했다

"공격을 아무리 잘 해도 수비가 허술하면 이길 수가 없다.""팀이 살아야 한다." 축구가 인간들이 살아가는 모습과 닮았다는 전제하에 소설을 이끌어간다. 남편이 정당성을 들이대고 모든 논리를 펼쳐도 골키퍼인 아내가 막아내면 당해 낼 수가 없는 것이 축구와 같은 가정사다. 가정을 축구로 비유한다.

한 여자를 두 남자가 공유해야 하는 현실이 갈등과 함께 가족에서 이탈하지 않고 끝까지 따라간다. 아내는 두 남자를 사랑하여 동시에 두 남자와 결혼을 하고 아이를 갖고 함께 양육한다. 소재가 이질적이고, 기존의 자유연애나 불륜소설과는 다른 접근이다. 남편의 과학적이고 사회학적인 논증에도 불구하고 아내의 특수한 수비로 남편은 할 말을 잃고 아내를 따른다. 또 다른 대책을 말하고 항변하지만 번번이 축구공은 아내에게서 논다. 가족이라는 개념도 보다 더 넓은 의미로 재해석하여 확대해 나간다. 사랑한다면 이렇게 살아갈 수 있을까 하는 질문을 던지지만 실제적으로 이혼하고 또다른 남편에게 모든 기회를 주는 것은 참을 수 없는 고통임을 남편은 너무 잘 안다.

    소설은 한 아내의 요구로 두 남자를 선택하고 결혼하고 사랑하고 아이를 낳고 가정을 이루고 살아간다. 그 아이의 아빠는 누구든지 중요하지 않다. 다만 아내의 딸이다. 그러니 모권사회의 전통을 따른다. 정신적인 사랑에서 이들은 실제적인 모습을 보인 것 뿐이다. 그러나 갈등은 끊임없이 따른다. 상대방은 나쁜 놈이고 죽일 놈이며 치한이며 언젠가는 밟아죽이던지 인터넷 청부폭력이라도 해서 죽이려 한다. 그러나 이것도 생각뿐이다. 마지막으로 아내와 딸은 뉴질랜드로 이사할 것을 계획하고 남편과 상의하지만 그 놈도 함께 가냐고 질문한다. 아내는 그래야 한다며 그는 2층에서 살아야 하고 통로도 다른 통로를 이용하는 조건이라고 말한다. 자신이 포기하면 그 놈과 아내와 사랑하는 딸을 보내야 한다. 처절하기 그지없는 슬픈 사랑얘기이다. 현대인들의 정신적 갈등을 그려 세태를 고발한 내용이다. 결국은 '아내가 결혼했다. 이게 모두다. 내 인생은 엉망이 되었다'고 요약한다(본문내용은 소설을 축약한 것이다).

    문제는 이것이다. 한 여성이 두 남자를 사랑하여 가정을 이루었는데 서로가 평화롭지 않다. 그러나 서로 사랑한다. 아이도 낳았는데 누구의 아이인지도 모른다. 문제는 상대방 남자를 죽이고 싶다는데 있다. 실제로 가능한 일이다. 이것은 합리적인 문화의 '모계사회'에서 있는 일이 아니다. 아내가 사랑하는 남자라 하더라도 상대방 남자를 '청부살인' 할 수 있는 가능성이 열려있다. 다만 행동으로 옮기지 못하고 있을 뿐이다. 아이가 컸을 때 나의 친아빠는 누군가라는 질문을 받을 수 있다는 점이다.

여성주의 입장에서 보면 『아내가 결혼했다』의 핵심주제는 성평등에 대한 이념이며 이를 실현시키기 위한 도발이다. 여성도 인간으로서 평등한 권리를 갖고 태어났고 기본적인 권리를 갖는다는 현실인식에서 출발을 선언한다. 여성을 차별하거나 예속, 억압하는 사회에 대한 문제 제기다. 이런 인식은 억압의 근원과 다양한 차원을 분석해 내고 이로부터 여성을 해방시키려는 도전인 셈이다.

지금까지 자연스럽고 정상적이고 바람직하게 여겨 온 많은 것들은 도전 받을 수밖에 없다는 내용이다. 그 문제의 대상은 인간 사회의 과거, 현재, 미래의 문제까지 포함하는 근본적인 것들이다. 이로 보건대 여성주의는, 세계를 변화시키고 모든 사람들이 가지고 있는 나름대로의 인간적인 잠재력을 실현할 기회를 확대시킬 수 있도록 여자와 남자의 관계를 변형시키고자 하는 목적에서 출발하고 있는 것이다.

여성문제에 대한 '성인지적 접근' 시각으로 보면 『아내가 결혼했다』의 소설 속 주인공은 여성 특유의 경험을 반영한다. 특정 개념이 특정 성에게 유리하거나 불리하지 않은지, 성 역할 고정관념이 개입되어 있는 것은 아닌지 각종 제도나 정책을 검토하도록 고발하는 내용을 담고 있다. 인간의 삶은 그 사회가 지니고 있는 다양한 문화적 가치를 반영한다. 그런 면에서 인간의 성은 문화적 가치를 결정짓는 범주 중에 하나로 작용하여 온 것이 사실이다. 남자인가 여자인가에 따라 일생을 결정짓게 된다. 그런 면에서 『아내가 결혼했다』의 주인공의 모습은 새로운 성 역할의 개념을 설명하고 있다. 『아내가 결혼했다』에서의 선언은 우리의 전통개념의 고발장이다. 우리나라의 경우 유교적 관습에서 완전히 자유롭지 못한 게 사실이기 때문이다. 그것은 남성 중심적인 사고관이 남아있기 때문이다. 『아내가 결혼했다』의 문제를 여성주의 '성인지적 개념'으로 적용한다면 성차별의 문제는 인간으로서 평등하다는 것이다. 현재 우리나라의 경우만 보더라도 '여성대통령' 시대를 열었다. 과거와는 달리 생물학적 성과는 다르게 사회적, 문화적 성이라는 넓은 개념을 가지게 되었다는 것이다. 이런 의미로 본다면 『아내가 결혼했다』는 그렇게 놀랄만한 일도 못 된다.

최인철의
프레임

　삼성경제 연구소 SERI 북 추천도서다. 저자는 현 서울대 심리학 교수로서 그의 관심은 동서양의 심리적 차이, 인간의 판단과 의사 결정, 행복 등에 있다고 소개하고 있다. '프레임'의 흔한 정의는 창문, 액자의 틀, 안경테 등으로 사용된다. 물리학에서는 '기준 틀' 또는 '준거체계'로 사용되며 심리학이나 사회과학 분야에서는 '세상을 보는 틀'이라고 한다. 이를 잘 설명하는 이야기로서 '핑크대왕 퍼시'가 있다. 대왕은 온 세상을 모두 핑크로 물들이고 싶었고 자신의 소원을 성취한다. 하지만 하늘만큼은 핑크로 바꿀 수 없었다. 결국 그는 하늘을 핑크로 바꾸는 대신 자신이 핑크 안경을 착용하여 세상을 온통 핑크로 보았다는 동화다(본문축약pp10-11).

　저자는 지혜란 '한계를 인정하는 것이다'라고 정의한다. 이는 아는 것과 알지 못하는 것, 할 수 있는 것과 할 수 없는 것 사이의 경계를 인식하는 데서부터 출발한다는 것이다. 사람들은 세상을 있는 그대로 보고 있다고 믿는다. 프레임을 통해 '창' 만큼의 세상을 보고 채색되고 왜곡된 세상을 경험하고 있다는 걸 모른다. 결국 '프레임'은 사람 마음의 한계에 직면하게 하며 절대 겸손과 지혜로 출발하게 하는 것이다. 글의 의도는 삶이 가장 아름답고 행복한 풍경을 향유하기 위해 '최고의 좋은 창'을 갖도록 하자는데 있다.

'프레임'의 예를 구체적으로 예시한다면, 배고픈 사람에게는 온통 '음식점'만 보인다. 갓난아이를 키우는 부모의 눈에는 가구의 모서리가 모두 '흉기'로 보인다. 혼기에 찬 자녀를 가진 부모는 부모 입장에서 온통 '배우자 감'만 보인다. 세상이 어떻다라고 평가하는 것은 세상과 주변 사람들에 대한 정보라기보다는 사실 그렇게 말하는 사람이 어떤 '프레임'을 갖고 있는지에 대해 더 많은 것을 알려주는 법이다. 그런 의미에서 프레임을 나누는 결정적인 차이는 '왜?'와 '어떻게?'의 차이다. '왜'는 이유와 의미, 목표를 묻는다. 그러나 '어떻게'는 쉬운지 어려운지, 얼마나 걸리는지 성공 가능성의 구체적인 절차를 묻게 된다. 결국 이 말은 큰 그림을 놓치고 에너지를 허비한다는 말이다. 이런 면에서 상위 프레임은 No보다는 Yes인 경우가 많다. 또한 프레임의 두 정책 중 '탈퇴하기'와 '가입하기'로 해 놓으면 똑같은 선택을 놓고도 그 결과는 현격한 차이를 나타 낼 수 있다. 고정관념도 그 하나의 '틀'이다. 똑같은 전쟁을 치르더라도 한 쪽에서는 '테러와의 전쟁'이라고 명명하고 다른 한 쪽에서는 '점령'이라고 해석하는데 있다. 전쟁에서는 무조건 이겨야 하지만, 점령이라면 철수해야 한다. 철수는 또한 '패배'로 규정될 수 있다. 이것이 곧 '프레임'

하나로 결정되는 것이다.

   개개인은 많은 프레임을 지니고 있다. 기독교인이라면 교회의 헌금에 관한 '프레임'이 설정되어 있다. 미국의 경우 당연히 십일조는 의무다. 십일조를 할 것인지 안 할 것인지의 선택에 관계없이 개인별 넘버가 새겨진 52매의 봉투가 배분된다. 만약 하지 않을 경우 그것은 자신의 선택이다. 이 경우 '십일조'를 해도 되고 안 해도 된다는 '프레임'은 아니라는 것이다. 반드시 해야 되지만 나는 못하고 있다는 프레임이다. 이 외에 '프레임'은 모든 면에 적용된다. 관계 프레임, 질문 프레임, 재테크 프레임, 수 없이 많다. 자신의 '프레임'을 바꾸기 위해서는 반복적이며 규칙적인 습관에 이르러야 한다. 예를 하나만 더 든다면 10kg의 체중 감량을 위해서는 모든 음식을 반으로 줄이면 된다. 이것은 자신의 의지와 태도가 분명해야 한다. 우리 모두에게는 선택의 연속이며 두 가지 선택이 주어진다면 후회가 남을 가능성 또한 두 가지다.

   이와 같이 나를 바꾸는 심리학의 '프레임'은 성서적인 복음이 아니다. 오늘날 심리학이 기독교에 미친 영향은 지대하다. 교회 강단에서 외치는 소리가 심리학을 강의하는 것인지 말씀이 선포되는 것인지 구분이 안 되는 경우도 있다. 기독교인의 경우 내용을 어떻게 적용해야 하는지에 관해서 잠시 숙고해 봐야 한다. 세상 지식의 홍수에 묻혀 하나님의 말씀과 복음이 심리학으로 대체된다면 하나님의 뜻을 찾지 못하고 '금송아지' 하나를 더 만드는 꼴이 될 수도 있다.

정순태의
송의 눈물

    저자의 기행문이다. 당시의 '송'은 유럽을 능가했고 헐벗고 굶주리며 벌레 취급 받던 서민들도 인간다운 삶을 살던 때였다. '송'은 북송과 남송으로 나뉘어 인구 1억 명을 넘어섰고 당대 최고의 문화 예술을 자랑하여 현재 중국의 기초를 놓았다. 저자는 현재의 한국과 당시의 찬란했던 '송'을 비교하면서 남북의 안보 문제를 심각하게 해석하고 있다. 세계의 역사는 약육강식이다. 역사를 무시하고도 지상에 살아남은 종족은 없다.

    '송'은 그 찬란했던 자유와 풍요를 지켜내지 못했다. '문신우위' 체계로 안보를 방심했다. '송'은 결국 북방의 기마 족들이었던 거란, 금, 몽골 등에 평화를 구걸하고 돈으로 해결하려 했지만 결국 망하고 만다. 배고픈 군대가 배부른 군대를 이긴다는 논리는 세계사에서 입증한다. '대한민국'이란 나라가 언제까지 북에 매여 살 것인지가 의심스럽다. 김대중과 노무현 전 대통령의 햇빛정책으로 10년 이상을 퍼주었고 이명박 전 대통령은 실용주의 노선으로 이념을 묵살한 채 수많은 종북(북한의 사상과 이념을 따르며 거기에 추종하는 사람들)자들을 양산해 내는데 기여했다. 그 결과 정치, 경제, 사회에 걸쳐 한국은 종북이념으로 장악 되었다고 해도 과언이 아니다. 북에 다녀온 사람이 무슨 말을 하는지 지켜본 적이 있는가? 하나같이 이상하리만큼 태도에 있어서 불분명하다.

기행문이라지만 당시의 '송'과 현재의 한국 생활을 논리적으로 서술해 내지 못한 아쉬움이 남는다. 그러나 책의 제목과 한 두 줄 명확한 교훈이 의미심장하다. 그것은 송의 눈물의 교훈에서 보는 것과 같이 "배부른 나라가 배고픈 나라에 망했다는 사실이다." 지금으로부터 34년 전, 미군이 10년 동안 사용하다가 남기고 간 최첨단 장비를 보유하고 있던 '월남'이, 미군이 철수하자마자 1975년 4월 30일 의식주조차도 해결 못하던 월맹군에 항복하고 지구상에서 영원히 사라졌다. 당시 희생자들의 집계를 보면 26만 명이 학살되었고 11만 명이 익사, 350만 명이 수용소에서 죽었다. 현재 한국 내 친북 핵심 좌파가 1만 2,000명, 동조자가 32만 명, 남쪽에 대한 불만세력이 400만 명으로 '국가정체성회복국민협의회'에서 잠정 파악하고 있다.

교보문고의
광화문에서
읽다 거닐다 느끼다

　광화문 거리는 서울의 얼굴이다. 서울을 찾는 사람이라면 광화문을 걸어보지 않고 서울을 봤다고 말 할 수 없을만큼 소중하고 중요한 곳이다. 분수대가 설치되어 있고 미국 대사관과 일본 대사관이 있다. 지금은 사라졌지만 일제의 잔재였던 중앙청이 있었던 곳이다. 뒤쪽은 청와대다. 한 가운데는 충무공이 자리하고 있다. 특히 우측 높은 빌딩은 교보생명이다. 지하층에는 세계 제일의 대형 서점 '교보문고'가 있다.

　교보문고에서 발행한 책 『광화문에서』는 '문화체육관광부 우수교양도서'로 선정되었다. 50여 편의 짧은 글로 시민들의 눈을 단번에 사로잡는 글귀다. 30자 내외의 글들이다. 두 줄, 길면 세 줄 정도로 짧다. 2009년 가을, 서울을 방문했을 때 눈부시게 아름다운 시구가 적혀 있었다. "대추가 저절로 붉어질 리 없다. 저 안에 태풍이 몇 개 천둥이 몇 개, 벼락이 몇 개" 많은 생각을 하게 한 글이었다. 그것도 대형 건물에 걸려 있었다. '서울의 아름다움은 바로 이것이야!' 라는 감탄을 했다. 이 아이디어는 교보문고의 창설자 신용호 회장이 지시한 것이란다.

소중한 시구들이 실린 글을 서서히 음미하며 읽어야 하지만 단번에 읽었다. 시에 대한 개인적인 느낌은 시들이 너무 무의미의 것들이며 개인적인 독백과 같은 지나친 은유를 품고 있다는 생각이다. 그러나 오늘 '광화문에서 읽기'는 그 반대의 것들이다. 한 줄도 길만큼 짧고 신선하고 필이 오는 것들이다. 그러나 너무 평범하게 느끼는 글도 있었다. 이 글을 선정하기 위해서는 '광화문 글판 문안 선정 위원회' 위원들이 심의해 최종 2편을 선정하고 투표와 토론으로 결정된다고 한다. 이후 전국 브랜드 통신원들의 설문조사를 거쳐 최종 낙점된다는 것이다. 대부분 교보생명 벽에 걸렸던 글귀들은 우리 모두가 잘 알고 있는 기존 시인들의 것이다. 한 줄로 된 글이지만 핵심이 들어있는 문장을 묵상해 보자.

"내가 반 웃고 당신이 반 웃고, 아기 낳으면 마을을 환히 적시리라" (2010)
"얼굴 좀 피게나 올빼미여, 이건 봄비가 아닌가" (2009)
"더 열심히 그 순간을 사랑할 것을, 모든 순간이 다아 꽃봉오리 인 것을" (2005)
"삶이란 나 아닌 그 누구에게, 기꺼이 연탄 한 장이 되는 것" (2006)
"길이 없으면 길을 만들며 간다. 여기부터 희망이다" (2000)
"봄에 밭을 갈지 않으면, 가을에 거둘 것이 없다" (1998)
"개미처럼 모아라. 여름은 길지 않다" (1997)
"훌륭한 결과는, 훌륭한 시작에서 생긴다" (1991)

이외수의
절대강자

저자는 최근 가정사로 인해 구설수에 올랐다. 그는 괴팍스럽게 생기기도 했지만 글 깊이는 보통 사람의 것과 다르다. 생각도 다르다. 평범한 언어나 단어를 선택하여 적절하게 자신만의 문구를 만든다. 가끔은 자신의 글쓰기에 대한 독자의 평에 대해 밉지 않은 반박을 한다. 많은 말보다는 축약된 문장으로 잠언화 시키고 있다. 시집은 아니지만 구별되고 엄선된 단어들을 만난다. 첫 장에 "절망아, 내가 죽기 전에는 절대로 너한테 진 거 아니거든. 지금 살아있다는 사실 만으로도 그대는 절대 강자다."라는 문장이 보인다. 총 10장으로 되었고, 소제목으로 나누어 적은 내용들은 잔잔하지만 톡 쏘는 듯한 삶의 이야기들이다. 이외수의 책을 몇 권 읽었다면 그의 문체나 주제들은 거의 비스무리하다는 생각도 들 것이다.

우습지만 오래 전 어느 기도원에서의 일이다. 예배에 참여하지 않고 담배를 피우고 있던 형제 하나가 있었다. "왜 예배에 들어가지 않습니까?"라는 내 질문에 "그게 그거고요, 언제나 들어봐야 그 말이 그 말입니다. 설교하는데 저 박수 소리 좀 들어보세요? 설교 시합하나요?"라고 오히려 질문을 해왔다. 그 사람의 지적이 정확할 수도 있다는 생각에 속으로 움찔했지만 태연한 척 그의 눈을 응시하면서 "그래도 예배는 들어가야 합니다."라고 답했다. 아주 오래된 일이지만 머리에서 맴도는 이유가 바로 이것이다. 아주 흔한 말이나 감동이 되지 않은 문장은 독자가 먼저 안다는 것이다. 문자화 될 문장이나 단어는 골라서 사용되어야 한다. 지루하고 따분한 책을 쓰는 것은 피차 고통이다. 구입한 사람은 속은 것이 되고 출판한 사람은 욕을 먹는다. 이외수의 책이 그렇다는 것이 아니다. 책이나 사람이나 느낌은 같나 보다. 한두 권은 산뜻하지만 몇 권을 더 보노라면 지루하게 느끼는 것은 그의 문체에 익숙해져서인가? 아니면 새로운 것을 얻지 못해서인가? 그럼에도 불구하고 한마디 한 단어에 '다르다'란 것을 느끼게 하는 것은 이외수만의 특기다.

약자는
결코 거기에
머물지 않는다

박경철의 『자기혁명』 · 필립 체스터필드의 『아들아』
Philip Chesterfield
도티 빌링턴의 『멋지게 나이 드는 법 46』 · 박영만의 『묘비명으로 본 삶의 의미 인생열전』
Dottie Billington
사라 밴 브레낙스의 『혼자 사는 즐거움』 · 카트린 파시히와 알렉스 숄츠의 『여행의 기술』
Sarah Ban Breathnach   Kathrin Passig   Aleks Scholz
정몽준의 『나의 도전 나의 열정』 · 이지성과 정회일의 『독서천재가 된 홍대리』
조지 프리드먼의 『100년 후』 · 종주캉의 『다시는 중국인으로 태어나지 않겠다』
George Friedman

박경철의
자기혁명

　의사가 글을 참 잘 쓴다는 생각을 했다. 이뿐 아니라 『아프니까 청춘이다』를 쓴 김난도 교수 역시 글을 잘 쓴다. 의사는 진료에 집중해야 하고 교수는 연구나 강의에 집중해야 하는데도 불구하고 글에 대한 집중력이 대단하다. 언급하는 내용들은 다독을 하지 않고는 쓸 수 없는 것들이다. 이 책은 상담분야의 통섭적인 자기계발서의 한 종류다. 김난도 교수가 내용 면에 있어서 구체적이라면 박경철 의사는 개인적으로 적용해야 할 객관적인 내용들이다. 자기계발서의 내용들이 거의 같지만, 두 책을 비교하는 이유는 어휘와 적용 대상만 바뀌었을 뿐 내용은 비슷해서다.

　저자는 "당신은 지금 삶의 주인인가!"를 질문한다. 젊은이들이 꿈과 희망은 말하지만 그 꿈을 어떻게 이룰지에 대한 질문을 하면 꾸물거리는 게 약점이란다. 저자는 이어 히포크라테스의 잠언을 인용, "인생은 짧지만 지식은 길다. 기회는 순식간에 지나가는데 경험은 믿을 수 없고 판단은 어렵기만 하다. 지금 우리가 나눈 눈빛과 이야기들이 다음 세대들의 준비와 판단에 작은 도움이 되기를 바란다"는 염원을 적었다.

　내용은 5장으로 나뉘어졌다. "나를 찾는 시간, 세상과의 대화, 나를 감동시키는 자기혁명, 자기혁명을 위한 배움과 성장, 미래를 여는 변화와 도전이다." 저자는 언어 유희에 탁월하다. 부정을 긍정화 하고 긍정을 부정화 시킨다. 그 한 가지 예를 든다면 '방황은 살아있다는 증거'다. 맞기도 하지만 이치에 맞지 않기도 하다. 하지만 말이 되는 소리다. 긍정적인 예측이라면 이 말이 맞다. 그 외 대부분이 우리가 아는 소재의 이야기들이다. "행복은 과정이지 목표가 아니다. 말에는 반드시 득과 실이 있다. 내 말이 상대에게 모두 전달되는 게 아니라 인상적인 부분만 편집되어 남는다. 태도에 대한 이야기 중 '애티튜드attitude'와 '앱투스aptus'를 의미 있게 설명했다. 즉, 어떤 태도를 지녔는지에 따라 삶이 달라진다는 말이다. 그러니, 나쁜 습관을 버리는 데서 시작하라는 이야기다. 계획보다는 금기를 세우는 게 더 중요하다는 말이다. 미래의 핵심은 기계가 아니라 '사람'이다. 책을 읽어라. 무의식을 의식으로 지배하라. 물은 99도가 될 때까지는 절대 끓지 않는다. 100도가 되어야 끓는다. 인내도 필요하다."

　자기계발서의 내용은 거의 비슷하다 어떻게 적용해서 실천하느냐에 따라 각각 다를 뿐일 것이다. 유명세와 베스트셀러 작가라는 소문이 책의 내용과 언어까지 위대하게 만들어선 안 된다. 수단이 목적이 되어 버린 것은 아닌가 잠깐 혼란스럽기도 하다.

Philip Chesterfield
필립 체스터필드의
아들아

영국의 정치가이며 문필가인 필립 체스터필드가 네덜란드 대사로 '헤이그'에 주재 중일 때 얻은 아들에게 보낸 편지다. 자녀는 스스로 만들어 지는 게 아니고 부모의 손으로 정성스럽게 가꾼 정원과 같다. 편지는 모두 46편으로 세심한 부분까지 아들에게 전하고 있다. 작은 소제목만 봐도 내용을 짐작할 수 있다. 이 책을 읽는 내내 좀 더 빨리 발견하지 못한 것이 아쉬웠다. 구구절절 인간관계에서 적용해야 할 내용들이기 때문이다.

축약된 내용은 다음과 같다. "시간은 금이다, 라는 것을 알지만 실천하는 사람은 매우 드물다. 작은 시간들이 모여 사람의 일생을 이룬다. 자신의 힘만이 성공의 유일한 동력이다. 노력하는 자가 인생을 향유할 가치가 있다. 겸손한 사람에게 오만하지 마라. 너의 적은 거짓과 편견이다. 위엄은 내부에서 오는 아름다움이다. 승자는 열심히 일하고 열심히 즐긴다. 패자는 허겁지겁 빈둥거린다. 불가능은 노력하지 않은 변명이다. 과거의 흥망은 미래의 교훈이다. 역사공부를 하라. 독서는 완성된 인격을 만든다. 여행의 매력은 새로운 것을 깨닫는다. 자신을 신뢰할 수 있어야 자신감이 생긴다. 이론으로 세상을 알 수 없다. 웅변의 목적은 진리가 아니라 설득이다. 품위를 높이는 것은 자신의 일이다. 너의 친구는 너의 거울이다. 교제술을 익혀라. 칭찬과 배려는 상대를 공략하는 전술이다. 좋은 친구가 많으면 자연스레 강자가 된다. 머리보다 마음을 사로잡으라. 언행은 부드럽고 의지는 강하게 하라. 뛰어난 인물과의 친분은 네가 가진 실력이다"(pp19-253).

저자는 이어서 다음과 같이 말을 이어간다. "위압감에서 벗어나기 위해서는 상대를 과대평가하지 않는 것도 중요하다. 그러나 주의할 것은 분별해서 행동하는 것처럼 보이면 상대방에게 불쾌감을 주게 된다. 내가 조사한 바에 의하면 560명의 의원들 중 사리가 분명한 사람은 30명 내외였다. 가능한 수준이 낮은 사람과 교제는 피하라. 그런 사람은 너의 단점까지 모조리 칭찬하게 된다. 가능하면 만나는 사람의 성격이나 처해있는 상황을 조사해 두는 게 좋다. 큰소리로 웃는 것은 사소한 일에서만 즐거움을 찾는 우매 자나 하는 행동이다. 기지가 뛰어나고 분별 있는 사람은 결코 다른 사람을 바보같이 웃기거나 바보같이 웃거나 하지 않는다. 인덕을 얻으라. 우아한 태도, 진지한 눈빛, 세심한 배려, 상대를 즐겁게 해줄 수 있는 말, 분위기, 패션 등과 같이 사소한 것들이 쌓여 상대의 마음을 붙잡을 수 있는 것이다. 나는 상대방의 옷차림을 보고 대개 그 사람의 인품을 짐작한다. 화려하면 내용이 없어 보이고 초라하면 상대에게 실례가 된다. 언행이 부드럽고 의지가 약하면 비겁하게 되고 의지와 언행이 부드럽지 못하게 되면 사납고 저돌적이 된다. 표정, 용어, 말투, 발성, 품격 등이 유연하면 자연스럽게 부드러워지고 위엄이 나타나 사람들의 마음을 사로잡게 된다. 그러나 상대에게 속마음을 보여서는 상대를 제압할 수 없다는 것도 알아야 한다."

Dottie Billington
도티 빌링턴 박사의
멋지게 나이 드는 법 46

저자의 평범한 경험담들이다. 뒤늦게 Ph.D. 학위를 공부하며 '성인 발달'에 관한 내용을 정리했다. 나이가 몇 살이든 간에 멋지게 늙어야 할 필요는 있다고 심리학적 개념으로 설득한다. 9가지의 제목을 달았고 소제목으로는 자세한 원리를 설명하고 있다. "인생은 지금이다. 최고의 모습을 찾아라. 이기는 태도, 성하는 습관, 건강, 성장을 위한 발걸음, 소통, 사랑하는 사람들. 마지막으로 나는 성장하고 있는지를 질문한다."

결국 자신의 미래를 계획 설계하라는 이야기다. 10년 뒤를 꿈꾸고 상상하라고 권한다. 구체적인 '시나리오'를 작성하고 자신이 할 수 있는 구체적인 일을 지금 시도하라(p28). 인생은 연습할 시간이 없다. 목표가 없다는 것은 자신의 계획이 없다는 것이고 기도제목이 없다는 것을 스스로 고백하는 것이다. 터무니없는 계획을 시도한 사람만이 불가능한 일을 해 낼 수 있었다. 자신이 하고 싶은 일을 하면 '열정'이 생긴다. 그것을 해야 한다. 미국인의 인구 중 9,300만 명이 자원봉사자로 일한다. 이것은 자기가 하고 싶어하는 일이다. 10년 후에 '내가 그걸 했어야 했는데' 라면서 후회할 일이 있거든 오늘 시작해야 한다. 가끔 정기적으로 이렇게 질문하라. "나는 이걸 왜 하고 있나? 이렇게 하는 방법이 가장 좋은 방법인가? 다른 방법으로는 할 수 없는가? 이걸 습관적으로 하고 있지는 않은가? 나는 지금 온 정신을 쏟고 있는가?"(p107)

"열린 마음을 가져라. 책을 읽어라. 자신을 이해하고 다른 이도 이해하라. 여행을 통해 배워라. 비판을 선물처럼 수용하라. 누구에게나 단점이 있다. 무엇보다도 나는 독창적이니 비교하지 말고 자신만의 길을 찾아 그 길을 가야 한다."(pp146-247) 책의 제목에서 말하는 것처럼 "멋지게 나이 들어라"는 생각을 가지는 순간 모두가 발전할 가능성이 있다고 믿는다. 가능하면 여행을 해서 얻는 경험이 진짜다. 여행은 사람이 '나서, 살다가 죽는 것'을 경험한다. 여행은 일정 기간을 보고, 듣고, 느끼고, 다시 일상으로 돌아온다. 여행하는 것처럼 살면 매일 가슴 뛰는 삶이 될 것이다. 가능하면 한 번도 가보지 않은 곳이어야 한다.

박영만의

묘비명으로 본
삶의 의미 인생열전

묘비명은 자신이 만들어 놓고 죽기도 하지만 대개는 다른 사람에 의해 기록된다. 그렇다면 인간은 나서 죽는 순간보다는 살아 있을 때, 어떤 삶을 살다가 죽었는지가 매우 중요하다. 이게 '묘비명'이 되기 때문이다. 저자는 여러 책을 참고하여 독특한 묘비명을 모았다.

"반드시 죽는다는 것을 기억하라. 오늘은 내 차례, 내일은 네 차례!" 이런 말들은 개인적으로 의미 있게 와 닿아야 한다. '버나드 쇼'는 그의 서재에서 나온 자신의 유서에서 "내가 죽거든 아내의 뼈를 함께 태워 재로 만든 다음 그것을 뒤 섞어서 정원에 뿌려 주길 바란다." 또 "무덤의 묘비는 어떤 상징의 '심벌'도 만들지 않도록 해주길 바란다." 그러면서 그는 자필 묘비명으로 "내 우물쭈물 하다가 이렇게 될 줄 알았다!"고 기록하게 했다. 그 외 60여 명의 묘비명은 나름대로 특성이 있지만 대개의 경우는 친구나 다른 이들이 기록하고 있으니 살아서의 삶이 얼마나 중요한지를 일깨우는 내용들이다.

　그래도 묘비명을 제대로 기록한 사람들의 경우는 작가들이다. 이들은 지인들을 통해 고인을 기리는 마음으로 작품 중의 일부를 적어 넣기도 한다. 죽음은 모두가 공평하여 나란히 누워있게 만든다. 그리고는 말이 없다. 자신의 죽음을 예측하는 데는 죽기 바로 직전이기에 어느 누구도 관심을 기울이지 않을 수 있다. 그러고 보면 유언이란 것도 죽을 때 말하는 것이 아니라 평상시에 말해 두고 글로 작성해 두어야 한다. 나의 아버지의 묘비명을 기록한다면 "네 영혼을 어디서 보낼 텐가?"로 하고, 나의 어머니는 "좋은 하루 되시게나!"로 기록하면 좋겠다는 생각이 들었다. 내 희망의 묘비명은 "지금 해도 결코 늦지 않다!"로 하고 싶다. 기록은 만들면 되고 기록한 후에는 자신의 것이 되니 용기를 내어 만들어 보자.

Sarah Ban Breathnach
사라 밴 브레낙스의
혼자 사는 즐거움

    사라 밴 브레낙스는 25년간 일간지 기자로 생활하다가 전업 작가가 된 여성이다. 정말 하고 싶은 일을 하기 위해서 작가가 되었다. 작가는 말한다. 결국 "인간은 혼자 떠나는 여행이다." 누군가를 위해 살기보다는 누구도 대신할 수 없는 자신의 삶을 찾아야 한다고 강조한다. 또한 복잡한 관계에서 불러오는 스트레스를 어떻게 대처해 나갈지에 대한 지혜, 담백하고 깔끔한 인생, 스스로를 위로하고 성찰하는 인생을 살기 위한 처방과 자신이 경험한 주변 메시지들이다.

    79개의 소제목 중 "소중한 추억 수집하기, 거울 앞에서의 자신과의 명상, 하루에 하나씩 모험하기, 여기저기에 행운 심어놓기, 성스러운 나만의 공간 만들기, 나만의 안식일 정하기, 몸에 대한 예의 갖추기, 적절한 몸무게를 위해 조금 먹기, 무소유의 의미 깨닫기, 돈에 대한 사유." 등이 기억에 남는다.

이 책이 120주 동안 뉴욕타임스에 베스트셀러가 된 이유는 무엇일까. 그것은 나와 상관없는 이야기가 아니라 내 주변 이야기였기 때문일 것이다. 시시하지만 자신만이 독특하게 경험한 것들만 적었기 때문이다. 그녀는 부요의식을 느끼기 위해서라면 백 달러를 주머니에 반드시 넣고 다녀보란다. 이 말은 맞는 듯싶다. 따지고 보면 얼마 안 되는 금액이지만 카드만을 사용하는 문화의 사람에게는 특별한 돈이기 때문이다. 특별한 모험은 언제나 가슴을 뛰게 한다. 스스로에게 베풀어 주는 자신만의 안식일과 자신의 몸에 대한 예의를 지키는 사람이 과연 얼마나 될까. 이런 소재들은 생각만으로도 즐거운 일이다. 적절한 몸의 균형을 유지하기 위해서 하루쯤 굶는 일도 즐기라는 게 저자의 생각이다. 혼자 사는 즐거움이란 독신을 의미하지 않고 스스로를 행복하게 살아가라는 저자만의 고백이다.

Kathrin Passig　Aleks Scholz
카트린 파시히와 **알렉스 숄츠**의
여행의 기술

　프놈펜을 거쳐 서울 방문 중 '반디앤루니스'에서 이 책을 선택했다. 정말 기술을 배우기 위해서였다. 그러나 내용은 여행의 기술이라기보다는 '여행하는 과정'을 즐기라는 것이다. 무작정 앞 사람을 따라가기, 다른데 정신 팔기, 아무 길이나 일단 가보기 등이다. 보통 사람이 즐기는 일이 아니고 정 반대다. '지도'가 없어야 하고 '나침반'이 없어야 한다. '내비게이션'이 없어야 한다. 준비되지 않은 여행을 즐기라는 것이다. 보통사람이 염려하는 무엇을 어떻게 라는 과정을 무시해야 한다. 저자는 서문에서 이렇게 기록한다. "우리 이전에 길 잃기 경험과 시행착오를 하나하나 쌓아준 수많은 사람들에게 이 책을 바친다. 그들의 노력은 우리의 삶을 더욱 빛나게 할 것이다."라고.

　사실 따지고 보면 여행이란 무엇인가? 무엇을 얻기 위한 것이라면 무엇을 어떻게, 라는 목표도 필요 없다. 단지 떠나는 것이 되어야 한다. 여행 후에 남는 것이란 모두가 이런 것들이다. 길을 잃어버려야 새로운 생각과 새로운 세계가 열리기도 한다. '카트린 파시히'라는 공동저자는 사람들의 고정관념을 깨는 기발한 상상력으로 글을 쓰는 독일인이다. 이 책은 거기다가 한술 더 떠서 초급, 중급, 전문가 과정이라는 해괴한 단계별 여행 기술을 설명하고 있다. 보통 사람이 생각하지 않은 상상력의 발로이기도 하다. 옳은 것을 거꾸로 생각해 보는 사람만이 발전하는 법이다.

평소에 다 아는 곳을 방문하는 데도 엄청 준비에 신경을 쓴다. 지난 봄, 서울 방문 길에 홍콩을 들렸다. 민박을 예약했지만 선불을 약속한 것도 아니다. 홍콩에 도착하니 새벽 한 시였다. 다행히 숙소까지는 두 시간을 가야 하는데 심야버스가 있었다. 도착하니 캄캄한 곳에 민박집은 문이 닫혀있었다. 전화도 없고 안내 받을 사람도 없다. 홍콩의 밤은 다양한 나그네들로 득실거렸다. 가방은 두 개 인데다가 누가 툭 쳐가면 그만이란 생각이 들었다. 천신만고 끝에 남의 전화를 빌려 해결했다. 지금 생각하면 그때의 두려움과 떨림이 여행의 '참 맛' 이었다. 여행의 진짜 맛은 사서 고생하는 것이다. 너무 완벽한 준비는 비즈니스이지 여행이 아니다. 결국 낯선 곳과 익숙한 곳을 떠나는 즐거움이 '여행' 이다. 죽음도 이랬으면 참 좋겠다.

정몽준의

나의 도전
나의 열정

　정몽준의 현재 직함은 6선 국회의원, 아산재단 이사장, 울산대학교 이사장 등이고, 과거 직함으로는 한나라당 대표, 축구협회장, FIFA부회장, 현대중공업사장이 있다. 한 인간이 걸어온 길은 누구든지 한 장의 그림으로 설명될 수 없는 서사인 것만은 틀림없다.

　정몽준은 자신의 이야기와 아버지에게서 배운 삶, 열정을 다해 살아온 삶, 정치인의 도전을 '희망을 가슴에 안고' 라는 제목으로 엮어나갔다. 그는 기업인답게 많은 분야에 기여를 했고 지금도 특강으로 젊은이들의 마음을 일깨운다. 그의 아버지는 "담담하게 살아라!"는 말을 사훈처럼 즐겼다고 말한다. 담담(淡淡) 즉, 불+물=물로 끄듯이 어떤 상황에서도 침착하고 초연하라는 의미를 배웠다. 책에는 세세히 언급하고 있지 않지만 그는 소년시절부터 대학생활에 이르기까지 정상적으로 자랐고 상위 층에서 공부했고, 하고 싶었던 것은 모두 한 사람으로 묘사하고 있다. 30세에 중공

업사장으로 취임했고 세상을 그때부터 자세히 알아간 셈이다. 김동조 외무장관 막내딸과 결혼해서 4남매를 두었다. 인간관계에서 맘고생은 많았지만 육체적인 고통은 없었던 것 같다. 정치세계에 들어와서는 정치보다 공익을 위한 사람으로 처신한 점이 더 많았다. 특별히 대통령 선거를 하루 앞두고 노무현과의 결별 선언은 그의 강직함과 분명한 주장을 나타낸 것이기도 하다. 많은 부분에서 축구에 관한 내용을 언급한 것으로 봐서 그 부분에 집중하고 기여하고 있다는 것을 의미한다. 특히 4강을 이루어낸 일과 월드컵을 서울에서 개최한 일은 그의 선친과 더불어 커다란 업적이었다.

끝 부분에서 한국의 외교적 대처 능력 부족을 언급했다. 북한을 두 번 다녀오면서 느낀 점이나 '독도문제를 소홀하게 다룬 일은 도저히 있을 수 없는 일'이라고 지적한다. "각국의 배타적 경제수역을 그 나라의 연안에서 200해리까지 인정하는 유엔해양법이 1996년 1월에 발효되자, 일본은 그 해 2월에 내각결의를 통해 독도를 기점으로 채택했고 우리는 그로부터 1년 5개월이 더 지난 후인 1997년 7월에야 독도로부터가 아닌, 울릉도를 기점으로 채택하는 엄청난 실수를 저질렀다. 더 문제가 된 것은 1997년 IMF 사태를 맞으면서 1998년 1월 우리는 일본에 구제 금융을 요청했다. 이걸 악용하여 일본은 한일어업협정의 폐기를 요청하고 우리와 신어업협정을 체결했다. 이때 독도가 중간수역에 들어가 버린 것이다. 신어업협정은 일본의 야비함도 있지만 영토와 상관없다는 이상한 논리로 독도를 중간수역에 포함시킨 우리 정부의 문제가 더 크다. 독도는 처음부터 잘못 끼워진 단추다."(pp310-311) 그나마 다행은 우리가 번복한 행위지만 2006년 참여정부시절 독도를 기점으로 '경제수역'을 다시 선포한 일이다. 이제 남은 일은, 독도를 중간수역에 포함시킨 1998년 신어업협정을 폐기하고 다시 체결하는 일이다. 그 외 일본과는 위안부 문제도 남아있다. 안타깝지만 20만 명에 달했던 위안부 할머니들은 신분노출을 우려해 나타나기를 꺼려했고, 신분이 파악된 할머니들은 234명에 불과하다. 그 234명 가운데 현재 살아 있는 할머니들은 70명에 불과하다. 우리의 과제는 통일도 있다. 그러나 어두운 면보다는 밝은 내일이 열려 있다.

   정몽준의 자서전은 세세하고 재미있는 '자서전'이라기보다는 자신이 겪었던 일들의 일부분을 공개한 내용이다. 특히 결정적으로 실패한 부분이나 자신의 나약했던 부분은 침묵하고 있다. 그의 생모라는 사람이 나타난 적이 있었고 그와 만나 차 한 잔을 나누면서 대면한 내용은 참으로 적나라한 인간적인 모습이었다. 그러나 그의 아버지에게서 들은 내용은 '사실과 다르니 맘에 두지 말라.'는 것으로 그쳤다고 했다. 책은 모든 인간과의 소통을 연결하는 '다리'라는 점에서 매우 유익하다.

이지성과 **정회일**의
독서천재가 된 홍대리

독서 프로젝트의 하나로 이지성과 정회일의 공동저서이다. 멘토인 이지성과 멘티인 정회일의 공동작을 작가가 소설화 시킨 내용이다. 『리딩으로 리드하라』의 이지성의 책은 이미 '베스트셀러'화 되었다. 결국 책을 읽자는 데서 출발하고 책을 읽으면 변화되어야 한다는 것을 강조한다. 첫째, 3개월 동안 100권을 읽으면서 몸을 길들이기에 도전하여 성공한 사례를 언급하고 둘째, 자신의 업무에 필요한 서적을 100권을 선택해서 읽는다. 셋째, 습관이 된 다음에는 1년에 365권을 읽는데 도전하여 성공한 사례를 들었다. 빌게이츠가 일주일에 5권을 언제나 읽는다면 우리보다 덜 바빠서였겠는가? 책 읽는 시간을 확보하기 위해서는 아침에 한 시간과 저녁에 한 시간 출근 시 30분, 점심시간 30분, 자투리 시간 5분들을 모으면 상당한 분량의 책 읽기를 할 수 있다. 결국 이렇게 되면 시간 사용에도 성공하고 우선순위가 무엇인지를 파악하며 무능했던 사람이 유능하게 되고 성공적인 삶으로 직장과 사회에서 정상을 차지하게 되고 변화되었다는 이야기다.

가능할까 라고 하지만 선택은 본인 스스로에게 있다. 책을 읽는데 그치지 말고 생각하며 음미하면서 내 것으로 만드는데 목표를 두는 것이다. 자신의 성장을 위하여, 전문가가 되기 위하여, 라는 목표를 정한다. 책을 읽은 후 저자 또는 성공한 CEO를 만나 인터뷰하는데 까지 이른다. 누가 만나주겠는가 하지만 이것도 프로젝트에 하나다. 무엇을 질문할 것인가. 복장이나 음성, 태도 등은 어떠해야 하는가를 세세하게 적고 있다. 무엇보다 CEO와의 인터뷰를 위해 음성 녹음을 하여 연습하고 자신에게 유익한 적용을 위해 노력한다. 만일, 자신의 업무 분야의 전문서적 100권을 정독한다면 대단한 결과가 주어질 것이다. 하루에 2권 보는 사람도 있지만 하루 한 권은 읽어야 한다는 점이다. 본서는 책을 읽어 성공한 자신을 소설화 시킨 내용이다.

책만 읽어서 뭐 한단 말인가? 이 질문에 대한 답은 이렇다. 23살의 대학생은 이지성과 함께 아프리카와 낙후된 아시아에 100개의 병원과 학교를 세우는 것을 목표를 정하고, 그 일을 이미 실천에 옮기고 있다. 그렇다. 책을 읽고 스스로 혼자만 만족하는 것이 아니라 이웃을 위해 무엇을 할 것인가를 고민하는 사람이 되라는 것이다. 그러므로 우선 책을 읽자. 3개월에 100권을 읽으면서 습관을 들이고, 그 후 자신의 업무에 유익한 책 100권을 읽은 다음, 일 년에 365권을 읽으면 스스로 자신이 무엇을 해야 하는지를 알게 되고 사명을 깨닫게 될 것이다. 저자 정회일은 6개월 동안 혼자 영어 공부한 후 영어학원 원장이 되었고, 현재 독서 멘토로 활약하고 있다. 홍대리는 모든 면에서 미미한 사람이었지만 독서로 정상을 차지했고 대인관계에서도 탁월한 사람이 되었다. 그러면서 가르치는 것은 곧 배우는 것이라고 강조한다. 아마 이 글을 읽는 독자 중 이지성과 정회일을 모르는 사람은 없을 것이다. 이들은 이미 매스컴을 탄 지 오래다. 그런 그도 책 읽기 전까지는 자폐아와 비슷한 모습으로 방안에 처박혀서 할 일도 없이 피부병과 매일 싸우는 게 일상이었으니 말이다.

George Friedman
조지 프리드먼의
100년 후

앞으로 100년 후에는 이 책을 쓴 저자도 독자도 지상에 남아 있지 않다. 책의 내용은 확신으로 가득차 있다. 자신의 아이들과 손자들의 길잡이가 될 것을 기대하며 기록한다고 서두에서 설명하고 있다. 저자 프리드먼은 21세기의 '노스트라다무스'라고 불릴만큼 명성 있는 국제정세 '분석가'이며 '예측가'라고 소개하고 있다.

저자는 "지정학적 개념에서 21세기를 감지한다. 특히 400년 동안의 미국사회에서 나타난 50년 주기를 살피고 2030년과 2080년을 추측한다. 언뜻 허황된 발상이기도 하지만 호기심도 발동한다. 그는 2020년대가 되면 종이호랑이에 불과한 중국은 일본에 밀리고, 러시아는 동력을 잃는다. 2030년대 미국은 5번째 위기를 맞고 이 과정에서 일본, 터키, 폴란드가 지역 강대국으로 부상한다. 이로 인해 전운이 돌고 전쟁은 피할 수 없게 된다. 따라서 미국은 초음속 미사일 '배틀 스타'를 통해 미국에 도전하는 일본과 터키를 패배시키고 2060년대의 황금기를 누린다. 하지만 2080년이 되면 유일한 패권국, 미국에도 문제가 생긴다. 그것은 강대국으로 부상한 멕시코뿐만 아니라 미국에 이주한 멕시코 인들의 영향력 때문이다. 프리드먼이 국제 정세를 예측하고 해석하는 도구는 지정학이다. 그의 말이 매우 흥미롭다. '역사는 분노가 아닌 권력이다. 권력이 분노에 의해 에너지를 공급받기도 하지만 권력은 더욱 근본적인 실제로부터 나온다. 분명 지리학, 인구학, 기술 그리고 문화 등이 미국의 권력을 규정짓고 나아가 미국의 권력이 21세기를 규정지을 것이다.'는 설명이다. 미래를 예측하기 위해 과거와 현재의 모습을 돌이켜 보는 것이 중요하다."
(pp357-370)

과연 그럴까? 인간은 원래부터 자기중심적이다. 미국의 개념으로 이 책을 쓰기 시작했다는 데서부터 객관적이진 않지만 그러나 설득력 있게 전개하고 있다. 한국적 개념으로 기록한다면 또 다른 시각으로 볼 수도 있다. "우리의 역사관을 바로 세우고 과거와 현재를 확인하고 미래를 예측하는 시각을 아이들에게 교육한다면, 100년 후에는 과거 우리 조상들이 밟았던 광활한 대지의 몽골과 중국 유럽으로 진출하게 되는 것은 물론 현재의 남미나 북미 아메리카도 우리 조상들이 살던 땅이었다."는 상상의 날개를 달아줘야 할 필요가 있는 것이다.

최근 중국에 대한 관심이 지대하지만 저자는 3가지로 반박한다. 첫째, 중국은 물리적으로 고립되어 있다. 북쪽은 시베리아, 남쪽은 히말라야와 정글로서 확장되기 힘들다. 둘째, 중국은 수세기 동안 해군력이 약하고 경험도 없다. 셋째, 중국은 근본적으로 불안하다. 연안지역은 번영하지만 내륙은 빈곤에서 벗어나질 못한다. 중국이 미국의 맞수는커녕 미국의 지원을 받아야 된다. 21세기 중반에 들어서면 강대국들이 등장하는데 첫째가 일본이고 그 다음은 터키이며 다음은 폴란드가 된다. 물론 이것도 지정학적 개념에서 말하고 있는 셈이다.

저자는 자신있게 이렇게 말한다. "20세기에서 20년 간격으로 세계가 어떻게 변했는지를 설명한다면 지금 무슨 이야기를 하고 있는지를 확신하게 된다"라고.

그렇다. 상식은 인간을 배신 할 수 있지만 역사는 꿈꾸는 자에게 언제나 손을 들어주었다. 저자가 100년 후를 내다봤다면 자신을 넘어선 이상이며 꿈이다. 철저한 역사교육은 후대들에게 부끄러움 없는 미래를 물려줄 수 있다는 생각을 했다. 과거의 역사를 명확히 알아야 왜 우리에게 힘이 필요한지를 알게 되기 때문이다. 사람은 꿈으로 산다. 비록 그 꿈이 현실적이지 못할지라도 꿈이 없는 사람보다는 훨씬 진보적이다. 히브리 소년 요셉이 극한 상황을 극복할 수 있었던 원동력은 하나님이 함께하는 꿈이 자신보다 컸기 때문이었다. 지금 사는 것이 너무 힘들고 지쳐있다면 10년 후 나만이 아는 꿈을 재확인하는 순간 다시 용기가 생길 것이다. 꿈은 내가 꾸지만 그 꿈은 다시 나를 확실하게 이끌어 갈 수도 있다.

종주캉의
다시는 중국인으로 태어나지 않겠다

저자는 1960년에 홍콩에서 태어났다. 중국의 반체제 인사로 18년 수감되었던 경력이 있고 반정부와 민주화 활동의 제약이 심해지자 아내와 함께 노르웨이로 이민했다. 이 책은 저자가 미국생활 외에 해외생활을 통한 객관적인 시각에서 중국을 정확히 알고 쓴 내용이다. 책의 전체적인 내용이 중국의 자존심을 건드리기도 하지만 왜 저자가 다시는 중국인이 되지 않으려했는 지 흥미있게 보자.

핑궈일보 주필 부다중은 추천사에서 중국인을 이렇게 표현하고 있다. "반성할 줄 모르는 민족은 존중받을 수 없다. 서양 여성들이 중국 남자의 악습관을 정리하면 다음과 같다. 머리를 감지 않고 몸에서는 냄새가 나며, 특히 발 냄새는 비할 데 없고 가래를 잘 뱉고 쓰레기를 함부로 버리며 공중도덕 의식이 없고 더럽고 이를 잘 쑤시고 머리를 잘 긁는다. 길게 기른 새끼손가락의 손톱은 코딱지와 귀지 파는 전용이고 이물질을 파내서는 동그랗게 뭉쳐 자세히 들여다보거나 심지어 냄새까지 맡는다."(pp12-13) 현재 노르웨이에 있는 종주캉은 한국인에게 중국인을 이렇게 소개한다. "스스로 천하의 중심에 섰다고 생각하는 중국은 자신의 국민을 짐승처럼 대할 뿐 아니라 대량의 오염물질을 한국을 포함한 여러 나라에 널리 퍼트리고, 노동권이 없는 수많은 노동자가 생산한 유독성 제품을 헐값에 팔아 넘기고 있다."(pp16-18)

"중국인은 유별나게 유색인을 푸대접하고 백인을 숭배한다. 허풍과 날조에 익숙하다. 손금과 풍수의 운명을 따른다. '장생불로' 하려면 '납' 과 '수은' 을 삼키라고 속인다."(pp56-61) 거리도 더럽고 정치도 더럽다. 상상을 불허하는 가짜와 짝퉁들, 10억 노예의 피와 땀으로 전 세계를 혼란에 빠트린다. 중국의 문화는 이상 문화이며 현실 문화가 아니다. 도덕으로 종교를 대신하려 든다. 중용은 세력을 상실했을 때에만 써먹는 것, 이외에 세계 속의 중국 그 현주소, 홍콩, 북유럽에서 바라보는 중국을 통계치를 들어가며 설명하고 있다. 저자가 지적한 문제는 백 년 전이나 천 년 전에도 그랬을 것이라고 믿는다. 현재 중국 문화는 정신문명이 아닌 철저하게 위해 하지 않는 것이 없는 문화란 점이다. 매일 300명이 안전사고로 죽고 '정치학살' 과 '도덕' 의 소멸은 하한선이 없다.

중국인의 전통적인 문화유산과 중국이 강대국으로 거듭나고 있음에도 불구하고 정치와 국민들의 의식수준은 발전보다는 제자리에 머물고 있는 것에 대한 불만이다. 언젠가 한국인의 습성을 기록한 책과 비슷한 내용이다. 저자는 '다시는 중국인으로 태어나지 않겠다.'고 선언했지만 나는 저자가 위대한 사고를 지닌 애국자 중국인이라는 역설로 들렸다. 따지고 보면 한국인도 중국인보다 나을 것 없는 뒷골목의 치사한 내용의 문화가 많다는 생각에 부끄럽다. '다시 태어나지 않는다는 것'은 거듭남을 강조하는 뼈아픈 우리들의 호소다.

진정한
행복이란
무엇인가?

구본형의 『낯선 곳에서의 아침』·『익숙한 것과의 결별』
마이클 샌델의 『정의란 무엇인가』·『왜 도덕인가』
Michael J. Sandel
이지훈의 『혼.창.통』·이지성의『리딩으로 리드하라』
스튜어트 다이아몬드의 『어떻게 원하는 것을 얻는가』
Stuart Diamond
조지 베일런트의 하버드대학교 인생성장보고서 『행복의 조건』
George E. Vaillant, M.D.

구본형의
낯선 곳에서의 아침

"우리는 인생을 치열하게 살아가는 사람들에게서 배워야 한다. 미쳐야 한다. 적어도 미치지 못하는 자신 때문에 미쳐야 한다. 자신의 일에 모든 것을 내놓아야 한다. 그렇게 할 수 없다면 그 분야를 떠나야 한다. 타협이란 없다."(p319) 정신 드는 말이다. 나는 시시때때로 변화되고 있는 세상을 감지하지 못한다. 어제 있던 것이 오늘 사라진다. 학문도 조직도 시장도 정치도 문화도 다른 형태로 깨지고 변화되고 있다. 살아있는 사람은 변해야 한다. 변화를 수용하지 못한다면 생존할 수 없게 된 세상의 한복판에 혼자 서 있는 것이다. 그런 면에서 이 책은 변화를 주제로 쓴 에세이 적 입문서이다.

책은 5장으로 되어있다. "변화란 무엇인가, 역사 속에서의 개혁과 혁명, 떠나라 낯선 곳으로, 자기혁명을 위한 다섯 가지 방법, 자기혁명을 위한 교육개혁"이다. 책을 읽으면서 밑줄 친 부분을 적어보면 다음과 같다. "변화란 살아있다는 것이다. 만일 1년

전과 같은 생각을 하고 있다면 당신은 죽어 있었던 것이다. 변화에 성공하기 위해서는 살아 있어야 한다. 살아있다는 것은 에너지를 말한다. 혁명을 통해 우리가 얻고자 하는 것은 삶 자체이다. 변화는 저항과의 싸움이다. 우리가 작은 일조차 만들지 못하는 것은 저항에 지기 때문이다. 새로운 습관을 정착시킨 사람이 드문 것은 이 때문이다."

"저항의 원인들은 불이익과 불균형, 그리고 변화에 대한 설득이 약해서다. 변화는 내일이 아니라 당장 시작하는 일이다. 남명 조식 선생은 말하기를 '누구나 옳은 사람 사랑하기를 호랑이 가죽을 좋아함과 같은데 살았을 땐 죽이려고 애태우고, 죽은 뒤엔 입을 모아 칭찬 한다네' 라는 시를 남겼다. 가진 자들은 가진 것을 잃지 않기 위해 죄를 짓고 우리는 가진 것도 없이 일상에 매인다. 변화가 휩쓸고 지나간 자리에 서서도 무엇이 바뀌었는지 모르는 사람들이 있게 마련이다. 변화를 모르며 자신이 왜 죽었는지도 모르는 사람이 많다. 기득권자들은 언제나 불리한 개혁에 찬성하지 않는다. 버틸 수 있을 때까지 저항한다. 그들이 포기할 때는 이미 늦는다. 모든 것을 다 잃은 다음이기 때문이다. 루스벨트는 개혁이란 저항과의 싸움이라는 사실을 알고 있었다. 더 현명한 것은 그가 저항과 싸우는 법을 알고 있었다는 점이다. 탐욕은 개혁의 독약이다."

"불필요한 것을 포기하지 못하는 것은 인간밖에는 없다. 결국은 가진 것을 다 빼앗기고 목숨도 잃는다. 커다란 참나무는 작은 도토리의 꿈이다. 식물은 1년에 한 번씩 죽는 연습을 한다. 루터

버뱅크에 의하면 식물에는 20가지가 넘는 지각능력이 있다. 저항을 이기고 자기혁명에 성공하기 위한 조건은 스스로에게 위기를 설득하는 것이며 전면전은 확신을 필요로 한다." 책의 내용과 연결될지는 모르지만 '단식'을 소개하고 단식은 하루와의 결별을 의미한다고 소개한다.

주제는 변화와 개혁이다. 책 안에서 또 다른 여러 사람들을 만난다는 것이 즐거움이다. 끝 부분에 다룬 저자의 '단식'은 의미가 있다고 생각된다. 자신과의 처절한 투쟁과 자신과의 대화에 충실하기 위해서는 '단식'만큼 좋은 것이 없기 때문이다. 예수 그리스도께서도 '단식'하셨다. 종교인의 경우 단식에 익숙하겠지만 사람마다 단식의 목표와 과정도 다를 것이다. 이를테면 식음을 전폐한 단식, 물을 마시면서 하는 단식, 약간의 음식을 섭취하면서 행하는 단식, 아침만 행하는 단식도 있다고 들었지만 이런 것은 개혁과 변화를 위한 혁명과는 거리가 멀다는 생각이 들었다. 기왕 한다면 자신과의 싸움이니 사생결단이 필요하지 않겠는가. 어차피 죽을 거라면 말이다. 끝으로 책의 전체 내용을 축약하는 『낯선 곳에서의 아침』이라는 제목이 마음에 끌린다. 작년 봄 '심사츄이'에서의 이른 새벽에 마셨던 한 잔의 커피 맛은 최고였다. 거긴 아는 사람 하나 없는 낯선 곳이었다.

구본형의
익숙한 것과의 결별

 "하고 싶지만 잘 못하는 일은 그대와 인연이 닿지 않는 것이다. 옷소매조차 스치지 못한 인연이니 잊어라. 하기 싫지만 잘하는 일 역시 그대를 불행하게 만든다. 평생 매여 있게 하고, 한숨 쉬게 한다. 죽어서야 풀려나는 일이니 안타까운 일이다. 하고 싶고 잘하는 것을 연결시킬 때 비로소 그대, 빛나는 새가 되어 하늘을 날 수 있다."(p365) 내가 가고 있는 이 길이 정말 나의 길인지 하루에도 열두 번씩 생각하는 20대들, 지금 하는 일에서는 벗어나고 싶지만 다시 시작하기에 너무 늦었다고 생각하는 고개 숙인 30대, 이제 막 새로운 일을 시작하기 위해 익숙한 일을 박차고 나온 용기 있는 40대들에게 전하는 '변화관리 전문가'의 체험담을 담고 있다. 저자는 자신이 두 자녀에게 편지를 써놓고 그것을 매년 새로 고치는 작업을 한다. 그것은 자신의 고백이며 자신을 변화시키기 위한 '혁명적 메시지'를 담고 있다.

 저자의 책 중에 『익숙한 것과의 결별』은 읽은 것 중에 소장하고 있는 책이다. 또 한 권은 『낯선 곳에서의 아침』이다. 제목만으로도 내가 어떻게 살아야 하는가를 일깨우고 있다. 10년 전에 읽은 책이다. 그때는 IMF가 터진 직후다. 그 후로 29쇄가 출판 된 걸로 봐서 많은 사람들이 힘을 얻은 듯하다. "물고기처럼 생각하는 낚시꾼, 고객의 눈을 가진 사업가, 자신의 눈으로 세상을 재구성하는 예술가들은 모두 전문가들이다. 욕망이 없는 삶은 이미 속세가 아니다. 욕망만큼 강력한 모티베이션은 없다. 욕망을 잃은 삶은 죽은 것이다." 이 책의 일관된 주제는 변화와 조직의 개혁으로 '바꾼다'는 것이다. 저자는 창조의 힘을 욕망으로 표현했다. 관리되지 않은 욕망은 야생력과 폭발력이 따른다. 욕망은 깊고 깊은 곳에 있다. 이것을 위해 오랜 시간을 쓴다. 이것을 위해 희생하고 자존심도 굽힌다. 다른 이가 어떻게 생각하는지 개의치 않는다. 정열이 있으며 새로운 관점에서 다른 사람을 설득한다. 욕망은 한 길로 가게 하고 결국은 전문가를 만들어 낸다.(pp12-16)

구성은 8장으로 되었다. 서문에 이어 "불타는 갑판, 직장에 부는 변화의 바람, 변화와 개혁의 적들, 실업, 기업, 기업과 개인, 그 이념과 비전의 공유, 자신과 만나기 위한 느긋한 산책, 지금 바로 시작해야 할 다섯 가지 일들"이다. 저자는 첫 장에서부터 결론에 이르기까지 앤디 모칸Andy Mochan의 예화를 든다. 1988년 7월, 영국 스코틀랜드 근해 북해 유전에서 석유시추선이 폭발하여 168명의 목숨이 희생된 사고가 발생했다. 앤디 모칸은 지옥 같은 그곳에서 기적적으로 자신의 목숨을 구할 수 있었다. 불타는 갑판은 죽음을 의미한다. 그는 바닷물 위에도 이미 불이 번져 있었지만 힘껏 깊은 바다 속으로 뛰어 들었다. 이것은 확실한 죽음으로부터, 살지도 모르는 삶으로의 선택이었다. 앤디 모칸은 현실을 사실로 받아들이고 변화에 대응하여 목숨을 건진 예다.

현재를 '불타는 갑판'으로 규정하고 여기 그대로 남아 있으면 죽고 말 것이라는 절박한 인식을 가지고 있는 기업이나 개인은 얼마나 될까 질문한다. 국민의 생계를 담보로 잡고 있는 재벌들은 빌린 돈을 부동산에 붓고, 상환을 요구하면 신규 사업 계획을 벌여 대출을 늘려나가는 일, 미국에서는 20달러면 되는 골프가 한국에서는 200달러가 넘는데도 아무나 골프채를 휘둘러야 된다는 유행병, 격변의 시대에 맞지 않게 몰개성적 집단주의로 치닫는 브랜드 병, 지금은 아무도 평생직장을 꿈꿀 수 없다. 정규 근무시간이 없는 '마이크로소프트사'는 24시간 직원에게 개방된다. 그러나 직원의 작업 성과는 철저하게 평가된다. 회사가 당신에게 요구하는 것은 '가치'다. 위대한 비전은 위대한 과정을 통해 구현된다. 비전은 활기를 불어넣고 삶에 의미를 부여하며 현재와 미래를 연결하고 과거를 존중한다. 비전을 개발하기 위해 돈을 내고 컨설팅을 받을 필요는 없다. 누군가의 철학을 빌려온다고 해서 되는 게 아니다. 빌려온 철학은 신념이 될 수 없다. 신념이 없는 가치관은 지켜지지 않는다. 과거를 기억하는데 사용되는 것은 기억력이다. 그러나 미래를 기억해 내는 것은 상상력이다. 상상력이 없는 현재는 껍데기며 상상력이 존중되지 않는 일상생활은 죽은 시간이다. 나침반이 바르르 떨며 불안스럽게 북쪽을 가리키려고 안간힘을 쓸 때, 그걸 믿고 따르지만 불안한 노력을 하지 않고 요지부동일 때, 그것은 더 이상 '나침반'이 아니다. (pp19-387)

'익숙한 것과의 결별'이라는 말만 들어도 '도전과 긴장감'이 돈다. 이 책의 커다란 그림인 '불타는 갑판'을 상상하면 내가 지금 어떻게 해야 할지 '선택'하게 된다. 시간은 없다. 지체하면 반드시 죽는다. 기왕 죽을 바에는 죽지 않을지도 모른다는 믿음으로 갑판 위에서 힘껏 뛰어 내려야 한다. 저자는 현재 모습에 '행동'을 촉구한다. 내 몸을 던지는 것이 지금 갑판 위에서 불타 죽는 것보다 용기 있는 행동이라는 거다.

Michael J. Sandel
마이클 샌델의
정의란 무엇인가

　한국에서만 판매량이 100만부를 넘어섰다. 삼성경제연구소에선 '최고경영자'가 읽어야 할 책으로 선정해 놓았다. 세계의 지도자들은 하나같이 정의에 주목한다. 왜 우리는 정의를 배워야 하는가? 그러나 정의는 쉽게 결론 내릴 수 없다. 저자는 "정의란 무엇인가"라는 제목을 달고 있다. 우리가 흔히 부딪히고 있는 개인의 권리, 나의 것의 개념, 대리출산, 낙태와 줄기세포, 동성혼, 안락사, 장기매매 등 수십 가지를 다루고 있다. 한마디로 말한다면 지적 유희의 '논술이다'라고 말하고 싶다. 그렇다면 논술의 개념은 무엇인가? '사고력, 문제 해결력, 주체성의 차원, 통합적 차원'을 다룬다. '이것이다.'라고 결론을 내릴 수 없는 책이다. 우리는 최근 독도문제로 한일 간의 대립이 심각하다. 독도를 '통합적 차원'으로 접근하는 것은 아이러니한 일이다. 일본이 독도가 자신들의 것이라고 호적을 옮기고 흔적을 남기는 동안 우리는, 독도를 지켜내고 독도는 조선 땅이라는 각서를 받아온 '안용복'이라는 민간인 어부를 국제법을 어기며 일본에 입국했다고 해서 귀양을 보내 어디서 어떻게 생을 마감했는지도 모른다. 지금까지 독도는 우리 정부로부터 천대 받아왔다. 독도가 우리의 것이라면 어떻게 일본이 사사건건 시비를 하게 놔두는가? 정의가 해결해 주기 전 일본이 자기 땅이라고 주장하는 것을 그게 아니라고 근거를 대서 반박 할 수 있어야 한다. 역사를 철저하게 가르치고 있는 일본에 비해 우리는 우리 자신의 역사마저도 선택과목으로 하고 있다가 최근에야 정신이 든 모양이다. 객관적으로 본 내 시각은 한심하다. 이런 의미에서 이 책의 내용, 최대의 행복의 원칙인 '공리주의'의 일부분을 인용해 보고자 한다.

"1884년 여름, 영국선원 네 명이 작은 구명보트에 올라탄 채 육지에서 1600킬로미터 떨어진 남대서양을 표류했다. 이들이 타고 있던 '미뇨네트호'는 폭풍에 떠내려갔고 구명보트에는 달랑 순무 통조림 캔 두 개뿐 마실 물도 없었다. 토마스 더들리가 선장이었고, 에드윈 스티븐슨은 일등항해사, 에드먼드 브룩스는 일반선원이었다. 신문은 이들이 모두 훌륭한 사람들이었다고 전했다. 네 번째 승무원은 잡무를 보던 열일곱 살의 남자아이 리처드파커였다. 파커는 고아였고 그는 친구들의 충고를 무시하고 젊은이의 야심을 품고 희망에 가득 차 항해에 참가했다. 그는 이번 여행으로 남자다워질 수 있으리라고 생각했다. 구명보트를 타고 표류하던 네 선원은 수평선을 바라보며 지나가던 배가 구조해 주길 기다렸다. 처음 사흘 동안은 순 무를 정해 놓은 양만큼 조금씩 먹었다. 나흘째 되던 날은 바다거북을 한 마리 잡았다. 이들은 바다거북과 남은 순무로 연명하며 며칠을 버텼다. 여드레째 되던 날, 음식이 바닥났다. 이때까지 파커는 구명보트 구석에 누워있었다. 다른 사람의 충고를 무시하고 바닷물을 마시다가 병이 난 탓이다. 곧 죽을 것만 같았다. 고통스럽게 하루하루를 보내다가 19일째 되던 날, 선장 더들리는 제비뽑기를 해서 다른 사람을 위해 희생할 사람을 정하자고 했다. 하지만 브룩스가 거부하는 바람에 실행에 옮기지 못했다. 다음날에도 구원의 배는 보이지 않았다. 더들리는 브룩스에게 고개를 돌리라고 말하고는 스티븐에게 파커가 희생되어야 한다고 몸짓으로 전했다. 더들리는 기도를 올리고 파커에게 때가 왔다고 말한 뒤 주머니칼로 파커의 경정맥 급소를 찔렀다. 양심상 그 섬뜩한 하사품을 거절하던 브룩스도 나중에는 자기 몫을 받았다. 나흘간 세 남자는 파커의 살과 피로 연명했다. 24일째 되던 날, 아침식사를 하고 있을 때 드디어 배가 나타났다. 그리고 구조의 손길이 나타났다. 더들리는 일기에 그 일을 놀라우리만치 완벽하게 기록했다. 생존자 세 명이 모두 구조되었다. 이들은 영국으로 돌아가자마자 체포되어 재판을 받았다. 브룩스는 검찰 측 증인으로 출석했고 더들리와 스티븐슨은 재판에 회부되었다. 이들은 파커를 죽여 그를 먹은 사실을 순순히 자백했다. 그리고 어쩔 수 없었다고 주장했다."(pp51-52)

당신이 판사라면 어떤 판결을 내리겠는가? 피고는 한 사람을 죽여 세 사람을 살릴 수밖에 없었다고 주장한다. 누군가를 죽여서 먹지 않으면 네 사람 모두 죽을 판이다. 나약하고 병에 걸린 파커가 적절한 후보였다. 어쨌거나 죽을 테니까. 그리고 더들리나 스티븐슨과 달리 파커는 부양가족도 없었다. 그가 죽는다고 해서 살길이 막막해질 사람도 슬퍼할 아내도 아이도 없었다. 이 주장은 두 가지의 반박에 맞닥뜨릴 수 있다. 파커를 죽여서 얻은 이익이 희생보다 더 컸는가? 그 이익이 희생이라는 비용보다 더 크다 해도 무방비 상태의 파커를 죽여, 먹은 행위는 사회의 비용이나 이익을 계산하기에 앞서 용납될 수 없는 정서가 있지 않은가? 나약한 상대를 본인 동의도 없이 목숨을 빼앗는 식으로 인간을 이용한 이 행위는 아무리 다른 사람에게 이익이 돌아간다 해도 잘못이 아닌가? 구명보트 사건을 바라보는 두 사고방식은 정의를 이해하는 두 가지 상반된 시각을 보여준다. 이런 면에서 제러미 밴덤의 '최대행복의 원칙인 공리주의'는 두 가지 단점이 있다. "첫째는 정의와 권리를 원칙이 아닌 계산의 문제로 만들고, 둘째는 인간 행위의 가치를 하나의 도량형으로 환산해 획일화 하면서 그것들의 질적 차이를 무시한다는 점이다."(p361) 즉, 공리주의를 따른다면 다수의 행복을 위해 구빈원을 세워 거지를 한 곳으로 몰아넣는 것은 어떤가? 기왕에 죽을 그리스도인들을 많은 사람들의 쾌감을 주면서 원형경기장의 사자우리에 던지는 것은 어떤가? 테러 용의자의 고문은 어떤가? 흡연자들이 생전에는 의료보험 예산을 높이지만 결국 일찍 죽기 때문에 상당한 예산 절감 효과를 낳는다는, 폐암으로 인한 이익은 얼마인가? 그 이익이 무려 1억4,700만 달러의 순이익을 올릴 수 있다. 그러다 보면 결국 모든 가치를 돈으로 환산 할 수 있는가? 이 공리주의는 계산문제는 해결되지만 질적 차이에 있어 정의의 영역을 벗어나게 된다.

  이 책은 고난도의 '논술'이며 지적 유희다. 우리가 접하고 있는 한 가지 문제만이라도 사실적인 근거를 찾아보자. 내 주장의 근거를 만들다 보면 다소 거창한 '주제'가 나온다. 과연 어떤 행동과 판단이 옳으며 정의란 무엇인가에 자신도 도달하게 될 것이다. 책을 펼치는 순간 도덕과 철학, 사회정의 분야의 고수들을 만난다. 두꺼운 책이지만 우선 재미가 있다. 전 장을 이해해야 다음 장을 이해하게 되고, 다시 생각하고 생각하면서 읽어 나가도록 쓰여졌다. 논술에 약한 청소년들에게 필요한 책이다. 그런데 문단 나누기와 띄어쓰기를 적절하게 편집하지 않아 읽기에 매우 불편하고 읽은 부분을 다시 검토하고 읽어야 하는 문제가 있었다. 역자는 '생소한 단어'에 주를 달지 않아 사전을 찾으며 읽어야 했다.

Michael J. Sandel
마이클 샌델의 왜 도덕인가

『정의란 무엇인가』에 이어 나온 책이다. 이 책 역시 고난도의 논술이다. 내용들은 민주사회에서 도덕성의 본질, 그것을 둘러싼 다양한 논쟁을 다룬다. 나아가 공공 생활을 움직이는 도덕적 딜레마와 정치적 딜레마를 탐구한다. 구성은 다음과 같다. "첫째, '도덕이란 무엇인가'에서는 20년 동안 치열한 논쟁에 대상이었던 현안들이다. 즉, 복권과 도박, 광고와 상업주의, 소수집단의 우대정책, 존엄사, 정치인의 거짓말, 낙태, 동성연애자의 권리, 줄기세포 연구, 온실가스 배출권, 범죄자의 처벌, 관용의 의미, 시장의 도덕적 한계, 학교를 물들이는 상업주의 등에 관해서다. 둘째, '도덕적 원류를 찾아서'에서는 오늘날 다양한 자유주의 정치이론들을 검토하고 각각의 강점과 약점을 평가한다. 여기에서 도덕적, 종교적 이상에 의존하면서 다원주의를 받아들이는 몇 가지 정치이론을 소개하며 시민의식과 공동체, 시민의 덕목을 강조하는 정치, 나아가 공정한 시민을 만들기 위해 직접적으로 씨름하는 정치에 대한 옹호론을 펼친다. 셋째, '자유와 공동체를 말한다'에서는 미국 정치의 전통을 되짚어 보는 것이 목적이다. 토마스 제퍼슨에서 현재에 이르기까지 미국 정치사의 논쟁을 짚어보며 어쩌다 자유주의가 그 도덕적 시민의 목소리를 잃어버렸는지, 우리 시대에 그 프로젝트에 활력을 불어 넣을 수 있는지 묻는다."
(pp11-13)

위에서 언급한 것과 같이 책의 질문과 내용은 간단하지 않다. 20년 동안 책상 위에서 코피 터지게 싸워온 '주제'들이다. 그러니 주장이라기보다는 질문에 가깝다. 한 가지만 예를 들어보자. '복권과 도박은 공공서비스인가, 비도덕인가'의 질문이다. 복권 찬성론자들에 있어서는 복권은 세금을 올리지 않고서도 정부 수입을 늘리는 손쉬운 방법이며, 세금과 달리 복권은 의무가 아닌 선택의 문제이며 강제적인 것 또한 아니다. 복권은 사람들에게 인기 있는 오락이다. 복권을 파는 판매소들과 복권을 홍보하는 광고회사, 언론 매체들도 정당하게 수입을 창출할 수 있다. 그렇다면 정부가 운영하는 복권사업은 무엇이 문제인가? 먼저 복권사업은 위선적이지만 대다수의 국민정서에 남아있는 도덕적 거부감에 의존한다. 이는 막대한 수익의 독점사업이다. 자유주의에 입각한 옹호론자들의 두 질문은 다음과 같다. 복권사업이 도덕적으로 합당하다면 왜 민간 기업이 그것을 판매하고 운영해서는 안 되는가? 만일 복권사업이 매춘처럼 비도덕적 사업이라면 왜 정부가 그 사업을 운영하는가? 복권 광고판에는 '인생을 역전 시킬 수 있는 기회'라고 쓰어 있다. 그러나 복권에 중독되어 탕진한 사람은 한둘이 아니며 복권은 공공 영역의 질을 떨어트리고 삐뚤어진 시민교육을 제공하는 주체가 된다. 한편 더욱 많은 돈과 원활한 정부 재정을 유지하기 위해, 미국의 주 정부들은 자신의 권위와 영향력을 이용해 헛된 희망을 퍼트려야 한다. 도덕적 시민을 키우는 게 아니라 운만 조금 따라주면 운명에서 벗어날 수 있다고 사람들을 유혹하고 있는 것이다."(pp26-31)

 '왜 도덕인가' 란 질문은 간단하지 않다. 저자는 이어서 '도덕적 가치와 원류', '자유와 공동체' 에 대해 논의한다. 등장하는 많은 학자들의 주장과 철학, 구체적인 '예' 를 들어가며 분석과 비교로 질문을 던지고 있다. 책의 내용을 파악하기 위해 몇 번씩이나 앞으로 갔다 뒷장을 넘기고 했지만 비틀어 놓은 문장들이 너무 많고 저자 강의록 내용 자체가 질문 형식에서 결론으로 빨리 나가지 않기 때문에 상당히 힘들었다. 그럼에도 불구하고 많은 생각을 하게 하는 책이다. 책 안에는 수많은 인물들이 등장하고 있어 '왜 도덕인가' 에 대한 질문 뿐 아니라 깊이 알지 못하던 사람들의 삶과 어록들을 소개받는 기회가 되었다. 특히 정치권과 교회가 왜 '다원주의' 를 필요로 하는가 생각을 해보는 기회도 되었다. 저자가 책의 제목과 내용에서 언제나 한결같이 '대답' 대신 '질문' 을 던지듯 내 안에 의문을 제기하고 싶은 게 많아졌다. 하긴 대답보다 질문 형식이 더 어렵긴 하다. 질문 안에 해답이 있는 것들이 많기도 하지만 말이다. 아울러 논술과 논리학에 대한 관심이 더 커졌다. 어떤 사람의 원리나 주장, 철학도 개인과 단체에 의해 새롭게 '발표' 가 되지만, 그 내용이 또 다른 사람에 의해 언제든지 반박과 비판이 될 수 있다는 사실을 알게 된다.

이지훈의

혼·창·통

저자는 기자의 시각을 가지고 이 책을 썼다. 책은 리더로서의 조직경영과 그 해법을 3가지로 요약하여 "혼창통魂.創.通"이라고 명했다. 세계의 CEO와 석학들의 이야기들뿐 아니라 여러 '大家'를 만나게 하고 연결해 주는 책이다. "첫째, 魂은 가슴을 벅차게 하는 비전이 사람을 움직인다. 둘째, 創은 끊임없이 '왜?'라고 물어보라, 그러면 열린다. 셋째, 通은, 만나라, 또 만나라. 들어라, 잘 들어라"(pp290-292)라는 원리로 구성하고 있다. 이처럼 '혼창통'은 특별한 키워드가 아니라 우리 주변에서 흔히 만나는 이야기들이다. 주변의 대가들의 말은 우리에게 정답을 주는 게 아니라 새로운 화두를 제시한다. 이 책은 삶의 처방전이고 준비된 자가 행운을 차지한다는 넓은 의미를 두고 기록하고 있다.

소제목의 일부는 다음과 같다. "매뉴얼이 아닌 철학을 공유하라. 즐기는 사람은 눈빛부터 다르다. 성공은 자비의 마음에서 출발한다. 머리가 아닌 영혼에 호소하라. 꿈은 공짜로 얻어지지 않는다. 꿈을 얻기엔 일만 시간도 짧다. 실행력 없는 비전은 비극이다. 현실에 안주하는 순간 창은 시든다. 몸은 군중 속에 있어도 눈은 홀로 볼 줄 알아야 한다. 선비는 자신을 알아주는 자에게 몸을 바친다. 사냥을 하려면 정글로 가라. 흐르지 못한 물은 썩는다. '혼.창.통'은 불확실성의 폭풍우 속을 비추는 등대다."(pp10-13) 이상은 마음에 와 닿은 소제목이다.

결국 답은 기본에 있다. 왜 살아야 하는지 이유를 아는 사람은 어떤 어려움도 견딘다. "뜻과 목표를 세우고 늘 새로워지려고 노력하며 물이 흐르듯 소통하는 것이다."(pp34-35) 파란 만장한 삶을 살았던 '스티브잡스'는 꿈과 열정, 결코 포기하지 않는 삶의 장본인이다. 그는 "우리는 죽음을 피할 수 없고 시간은 제한돼 있다. 때문에 다른 사람의 시선이나 이야기에 얽매여서 다른 이의 삶을 살면서 시간을 낭비해선 안 된다"고 호소한다.

영국의 괴짜 기업가인 Richard Branson이 말하기를, "나는 여러 가지 사업을 하면서 살아왔지만 한 번도 돈을 벌기 위해 사업을 한 적은 없었다. 사업에서 재미를 발견하며 즐겁게 하다 보면 돈은 자연히 따라왔다." 나 역시도 지금의 일이 따분한지 행복한지를 생각해봐야 한다. 따분하다면 그만둬야 한다. 1984년 이나모리 회장은 KDDI를 설립하면서 매일 밤 스스로에게 이렇게 물었다고 한다. "네가 전기 통신 사업에 뛰어 들고자 하는 것은 정말로 국민을 위해서인가? 회사나 자신의 이익을 꾀하고자 하는 사심이 섞여 있지는 않은가? 아니면 혹시 과시하려는 것은 아닌가? 정녕 그 동기에 한 점 부끄러움이 없는가?" 6개월의 고민 끝에 사심이 개입하지 않았다는 자신감을 갖고서야 KDDI 설립에 나섰다.

베이컨은 이렇게 말한다. "누구도 해낸 적 없는 성취란 누구도 시도한 적 없는 방법을 통해서만 가능하다." 대가에게는 대가의 향기가 머무는 법이다. 말콤 글래드웰은 무엇인가를 성취해 낸 사람의 경우 일만 시간의 경험이 필요하다고 했다. 하루 3시간씩 10년의 세월이다. 같은 노래를 부르고 같은 기도를 하는데도 와 닿는 무게와 느낌은 전혀 다르다. 그 이유는 오랜 경륜과 경험에서 온 결과일 것이다.

이지성의
리딩으로 리드하라

　세상을 지배하는 0.1%의 '인문고전 독서법'을 설명한 책이다. 저자는 고전을 읽으면 '바보 또는 바보에 준하는 두뇌가 서서히 천재의 두뇌로 바뀌기 시작한다'고 서문을 열고 있다. 고전을 통해 천재가 된 아인슈타인, 처칠, 에디슨이 그랬고, 둔재들만 가던 삼류학교인 시카고 대학이 고전을 읽게 되면서 최고의 대학으로 부상했다. 시카고 대학은 1929년부터 2000년까지 68명의 노벨상 수상자를 내었다. 그 이유는 인문도서의 독서광이었던 로버트 허친스가 1929년에 5대 총장으로 취임했던 기간이라고 조리 있게 증언한다. 뿐만 아니라 카네기, 워렌 버핏, 이병철, 정주영이 돈을 거머쥘 수 있었던 이유와 알렉산더대왕, 세종과 정조 등 희대의 국가 경영자들의 공통점은 인문고전 독서였다고 소개한다.

　확실히 그렇다. 인문고전을 읽으면 둔재는 천재가 되고 다른 사람과 다르게 사고한다는 것은 반복하고 싶지 않을 만큼 지당하다. 최근 교육계에서도 '중등 논술교육'이 인기 몰이를 한다는 것은 매우 다행한 일이다. '사람이 책을 만들지만 책은 또 다른 사람을 만든다.'는 말은 진리다. 특히 저자는 기독교인이다. 하나님의 말씀인 "성경"을 고전으로 묶어 놓지 않은 것이 신통하다. 그는 이것과 저것의 '차이'를 분명하게 갈라놓았다. 하나님의 말씀과 人間의 책이 같아서는 안 된다는 특별한 시각이다.

인문고전을 읽되 '원전'을 읽고 써야 한다는 걸 특별하게 주장한다. 그가 선별해 놓은 '단계별 153권의 추천도서'의 경우 보통 사람이 읽을 경우 10년 정도의 시간을 요한다.(pp323-331) 그러나 현재 우리 교육의 현실은 漢字마저도 부분적으로 공부하게 만들어 놓았다. 특별한 훈련을 통해 교육하지 않는 한 외국어인 '영어, 히브리어, 헬라어, 라틴어, 독일어, 중국어' 등을 습득 하기란 쉽지 않은 게 현실이다. 물론 머리가 좋은 사람의 경우는 3개월 단위로 외국어를 마스터한다지만 그 나라의 속 깊은 문화까지 이해 한다는 건 평생을 공부하고 연구해도 어려운 일이다. '번역본'을 읽는데도 쉽지 않은 환경에 '원전'을 읽고 쓴다는 것은 특수교육을 하지 않는 한 어렵다는 걸 지적하고 싶다.

저자는 '인문고전'을 읽되 원전을 소리 내어 읽어야 하고 손으로 쓸 것을 주장했지만 그 대안과 구체적인 방법에 있어서는 대책이 없는 게 흠이다. 한자 문화를 이해하는 동양 고전의 경우는 한자에 능통해야 하고 서양이나 유럽의 경우는 라틴어나 영어, 히브리어 또는 독일어에 능해야 한다. '독서교육가이드'에서는 '읽고 필사하고 암송하고 토론하는 것 외에도 사색'을 첨가했다.(pp308-310)

그러나 저자의 정확한 의도와는 달리 구체적이고 실제적인 우리의 현실과는 너무 동 떨어진 이야기다. 이 책은 단순히 번역물이든 원전이든 읽어야 할 필요성을 지적하는데 초점을 맞추었다면 괜찮겠다는 생각을 했다. 한 나라의 문화와 언어를 읽히는데도 평생을 요하는데 한 사람이 5개의 언어를 통달하고 원전을 이해한다는 것은 학자에게나 요구될 일이다. 책의 제목을 차라리 "인문고전 독서의 필요성"이라고 했어야 했다. 왜냐하면, 실제적인 인문고전을 접하고 실천 가능한 구체적인 방법을 제시하지 못했기 때문이다.

저자는 19살에 고전을 만나 지금까지 '인문고전'에 불타고 있다. 부디 이 책이 한 개인의 꿈을 나열한 것이 아니라 인문고전을 통해 이 땅에 천재들이 탄생하고 내일의 희망을 노래하는 사람들로 가득 차길 기대한다. 그러려면 원전을 읽을 수 있는 그 실제적이고 구체적인 대안을 다시 한 번 제시해 주어야 한다. 이것은 '교육부'가 고민해야 할 일이기도 하다. 내가 바라기는 한자 공부라도 제대로 시켰으면 한다. 한자 공부를 하지 않아 세계 대열에서 탈락한 미국에 살고 있는 한인 2세들 중에 우리 딸도 포함된다. 한자가 중국 글이라는 것은 논리에 맞지 않는다. 고전을 읽으려면 한자는 필수이고 우리가 지금 사용하고 있는 언어 대부분이 한자음에서 온 것이라면 믿겠는가?

Stuart Diamond
스튜어트 다이아몬드의
어떻게 원하는 것을 얻는가

　와튼 스쿨 MBA의 16개 강의노트다. 내용은 협상에 관한 것인데 매년 수강 인원의 폭주로 학교에서 '경매'를 해야 한다고 한다. 큰 주제는 "통념을 뒤엎는 원칙과, 원하는 것을 얻는 비밀"로 되어있다. 책의 맨 뒤에는 강의한 내용을 요약해 놓고 있다. 이 강의는 듣는데 그치면 안 되고 습관이 될 때까지 훈련이 필요하다는 생각이다. 모든 내용은 인간관계의 실전에서 협상전략에 관한 내용들이다. 강의한 원칙들을 내가 필요한 부분만 요약해 본다.

　"무엇이든 다르게 생각하라. 협상에는 목표에 집중하고, 상대의 머릿속 그림을 그려라. 감정에 신경을 써라. 모든 상황은 제각기 다르다는 것을 인식하라. 점진적으로 접근하라. 가치가 다른 대상을 교환하라. 상대방이 따르는 표준을 활용하라. 절대 거짓말을 하지 마라. 의사소통에 만전을 기하라. 숨겨진 걸림돌을 찾아라. 차이를 인정하라. 협상에 필요한 모든 것을 목록으로 만들어라."

"조사에 의하면 90%가 상대를 인간적으로 이해하려고 노력한 사람에게 거래가 성사되었다. 존중이란 상대방의 힘을 인정한다는 뜻이다. 의사소통의 가장 큰 원인은 인식의 차이다. 상대방과 대화할 때는 언제나 단정적인 말에서 질문으로 바꿔라. 약한 모습을 보이면 협상에서 질 확률이 크다고 생각하지만 이는 사실과 정반대다. 상대가 지닌 표준이 무엇인지를 확인하라. 표준을 활용할 때 가장 중요한 것은 프레이밍Framing이다. 같은 대상이라도 사람마다 매기는 가치는 다르다. 양측이 대상에 부여하는 가치의 차이를 알면 적절한 선에서 교환할 수 있다. 이를 위해서는 역시 상대방의 머릿속 그림을 그리는 것이 필수다. 협상을 성공시키려면 돈 문제보다 훨씬 많은 것들이 필요하다."

"공감은 상대의 감정에 초점을 맞추어 이해하는 것이다. 그러나 거짓말, 약속을 깨는 일, 권위나 신뢰성의 의문을 제기하며 공격적인 모습, 이기적인 태도와 과도한 요구, 원칙 없이 굴면서 자제력을 잃을 때, 기대에 어긋난 모습일 때 등은 감정적으로 변하기 쉽다. 상대가 내 감정을 이용하려고 할 때는 이에 넘어가지 말고 적절하게 대응해야 한다. 다양성은 인종, 종교, 언어, 음식, 의복, 음악, 성, 국적, 나이와 직업 같은 외적 요소의 차이에서 오는 게 아니라 자신의 정체성 즉 머릿속 그림의 차이에서 기인한다. 학연과 지연이라는 공통점에 의존해선 안 되며 진정한 공통점을 찾아내려면 실로 많은 노력이 필요하다."

"나와 다른 점이 많은 사람에게 효과적으로 대응하려면 공통의 목표와 적을 찾고, 최악의 상황을 검토하고 현상유지에 따른 위험을 제시하라. 선입견을 재고하고 상대방이 바라는 것과 우려하는 점을 파악하라. 말과 행동으로 전달되는 신호를 포착하라. 동질성을 방해하는 요인들을 파악하라. 진정한 차이를 분명하게 드러내고 존중하라. 표준을 찾아라. 나쁜 행동은 지적하고 자신의 약점을 파악하라. 모든 시각을 뒷받침하는 증거를 요구하라. 결정하기 전에 상의하라. 제안한 내용이 효과를 발휘한 모델을 찾아라. 숨겨진 의제를 찾아라. 상대가 속한 조직의 가치관에 호소하라. 미래의 비전을 만들고 논의하라. 변화를 지향하는 새로운 문화를 만들어라"

"협상에 있어 문제 파악과 목표수립:장단기 목표를 세워라. 걸림돌이 무엇인지를 파악하라. 상대방, 의사 결정자의 목록을 작성하라. 결렬 시 예상되는 상황을 생각하라. 상대에 대한 정보를 모두 수집하라. 상황분석:양측의 필요와 관심은 무엇인가? 양측의 머릿속 그림은 무엇인가? 의사소통 스타일과 관계는 어떠한가? 상대가 지키는 표준은 무엇인가? 상황판단에 따른 목표 조정은 필요한가? 옵션 선택과 리스크 대처:목표달성을 위한 옵션은 무엇인가?"

"위험을 줄이는 중간 단계를 설정하라. 공동의 적이나 영향을 끼치는 존재가 있는가? 비전을 만듦과 창의적으로 질문하라. 협상을 진전시키기 위한 다른 옵션을 찾아라. 행동:협상의 결정적 요인과 표기해야 할 것을 파악하라. 누구에게 어떻게 이야기 할 것인가? 의제와 시한, 시간 관리에 소홀하지 마라. 계약이나 인센티브는 상대방에게 직접 확인하라. 무엇을 진행할 것인가?"(pp13-209)

"원하는 것을 얻는 비밀 : 인맥을 넓히는 일은 대단히 중요하다. 삶은 협상의 연속이다. 표준을 능숙하게 다룰 줄 알면 협상이 쉬워진다. 어떤 표준이든 '예외'란 게 있기 마련이다. 예외를 주시하라. 상대를 위협하는 것은 파산이다. 정확하게 알 때까지 질문을 하라. 사람은 관계를 떠나선 살 수 없다. 관계에서는 협상이다. 너도 옳고 나도 옳다. 표준을 활용할 때는 말투에 신경을 쓰라."(pp213-395)

사람들에게 '와튼 스쿨 강의'가 왜 인기가 있을까 하는 문제는 실생활에 필요한 문제를 집어주고 있기 때문이다. 살아가다 보면 좋은 이웃도 있지만 그렇지 못할 경우도 허다하다. 모르면 당할 수도 있는 게 현실이다. 그게 법이고 표준이라는 이름으로 말이다. 16강으로 이루어진 내용의 핵심들은 쉬운 것들이 결코 아니다. 아는 걸 실천하는 데는 사람의 몸에 밴 성품에 있기 때문이다. 남자들의 경우 군대생활 3년 동안 하는 일이 딱 한 가지가 있는데 그것은 매일 '반복훈련'이다. 이것은 '습관'을 만들기 위해서다. 그래야 전쟁터에서 살아남을 테니 말이다. 사실 인간관계에서의 협상은 전쟁은 저리 가라다. 전쟁은 제대할 때까지 일어날까 말까 지만 '협상'은 매일의 '일상'이다.

George E. Vaillant, M.D.
조지 베일런트의
하버드대학교
인생성장보고서, 행복의 조건

　조지 베일런트는 '하버드 인생성장 보고서'에서 '개인의 미래를 예견하는 방법'으로 삶의 위험적인 요소보다는 방어적 요소를 들고 있다. 즉, 비 흡연과 비 알코올, 그리고 적응적 방어기제, 알맞은 체중과 안정된 결혼생활, 교육 년 수를 들고 있다.(pp289-295) 이 자질들은 어떤 집단 어느 사람이고 적용이 가능하다. 첫 번째 자질은 미래 지향성으로 내일을 예견하고 희망을 가질 수 있는 능력이며, 두 번째 자질은 감사와 관용으로 컵에 물이 반만 남았다고 불평하는 게 아니라 반이나 차 있다고 여길 줄 아는 여유다. 세 번째 자질은 다른 사람의 처지에서 세상을 바라 볼 줄 아는 능력으로 느긋한 태도이며, 네 번째 자질은 사람들이 자신에게 무엇을 해주길 바라는 게 아니라 다른 사람들과 함께 어울려 함께 일해 나가려는 자세다. 나이가 들어갈수록 닫혀 있는 빗장을 활짝 열어놓아야 한다.(pp410-411)

　언급한 일곱 가지만 보더라도 자신을 어떻게 관리하고 있는가를 한 눈으로 예견 할 수 있다. 이 자질을 다시 네 가지로 축약한 것을 보면 어느 정도 자신의 미래는 예측이 가능하다. 특별하지 않는 한 '오늘' 처럼 '내일' 도 그렇게 살아갈 가능성이 많기 때문이다.

76세인 하버드 출신 목사에게 다음과 같이 질문했다. "외설과 노출, 혼전 성관계, 동성애와 포르노에 대한 금기들이 이미 사라졌거나 사라지고 있는 중인데 이 현상이 바람직한가?" 이 질문에 그는 "어느 쪽도 아니다. 인간은 자기 자신의 행동에 제약을 가해야 하기도 하고, 또 진정한 자아를 깨닫기 위해 무한한 자유가 필요하기도 하다. 우리에게는 제약과 자유 사이의 균형이 필요하다. 나는 이러한 제약과 자유 그 사이의 균형이 문화를 변화 시킨다고 생각한다."(p356)

이렇게 말한 노 목사님은 상대의 입장과 다른 이들의 시각을 동시에 가지고 있다. 인간관계에서 시각 표현과 감정을 구분하지 못하면 자칫 적대 감정으로 발전될 수 있다. 이렇게 되면 관계는 막힌다. 결국 자신을 위해서라도 개인의 시각을 벗어나 다른 사람의 눈으로 세상을 본다면 한결 마음이 편하게 될 것이다. 디 호크Dee Hock가 충고한 것을 실천해 보는 일도 중요하다. "다른 사람들이 당신에게 했던 일 중 싫어했던 일을 생각해 보고 그걸 남에게 되풀이하지 않도록 주의하라. 대신 기분이 좋았던 일을 기억했다가 다른 사람들에게 실천해 보라." 관계란 결국 내 할 탓이다. 사람의 일생에는 시작부터 끝이 있지만 끝에 가서는 대부분 후회하는 게 인간이다. 바삐 살다 보면 반성하고 자신을 뒤돌아 봐야 할 시간적 여유도 없다. 목적을 쫓고 성공이라는 '산'을 향해 꾸준히 살아가고자 노력한다. 모든 이들이 용기와 전력 투구라는 이름으로 최선을 쏟으며 걷는다. 달리기 선수처럼 산꼭대기까지 땀 흘리며 뛰어가다 어느 날 갑자기 가게 문을 내리듯 생을 마감해야 하는 게 인간이다. 그런데도 죽음을 기억하고 사는 이는 적다. 어느 부족은 땅을 파고 자신을 묻는 일을 아침마다 반복하면서 짧은 인생을 어떻게 살아야 하는지를 뼈아프게 새긴다고 한다. 후회 없는 삶을 살기 위해 매일 매일 경건의 일기를 쓰며 자신의 철학을 거울에 붙여 놓고 매일 아침, 점심, 저녁으로 소리 높여 반복하는 이도 있다.

독일의 철학자 '아르투르 쇼펜하우어'[Arthur Schopenhauer, 1788.2.22~1860.9.21]는 '인간은 어디서 왔으며 무엇을 위해 살며 너는 어디로 가는가?'를 질문했지만 이렇게 말한 그도 염세이념에 그쳤다. 그리스도인의 경전인 성경은, 창조주 하나님의 손에 의해 흙으로 빚어진 인간은 하나님의 형상으로 그분의 영광을 선포하다가 그분의 나라에 들어가는 게 종착지라는 선언서다. 이 땅에서 후회없는 삶을 살아가는 이가 있다면 그는 예수그리스도를 자신의 구주와 주님으로 수용하고 그분의 뜻이 무엇인지를 질문하면서 하루하루를 살아가는 사람일 게다.

하버드대학교 인생성장보고서인 『행복의 조건』은 하버드대학교 2학년생 268명, 서민 남성456명, 여성 천재 90명을 대상으로 72년에 걸쳐 추적한 연구 결과다. 저자의 결론은 인간의 삶에서 가장 중요한 것은 '관계'이며 행복은 결국 '사랑'이라고 말한다.

좀더 하고 싶은 이야기
epilogue

독서노트에 대해서

오래 전 계획을 세웠습니다. 일생을 통해서 두 권의 책을 출판하겠다는 나와의 약속이었습니다. 한 권은 세상을 비판적으로 보는 내용이고, 다른 한 권은 그래도 세상은 살만하다, 라고 외치고 싶었습니다. 그렇게 시작한 게 글쓰기였습니다. 나와의 약속은 이미 실현되어 긍정과 비판의 책 3권을 출판했습니다. 이렇게 하다 보니 글쓰기에 대한 공부를 하지 않으면 망신당하겠다는 생각에 '문예창작'을 전공하게 되었고 공부하다 보니 기독교적인 '신앙소설'에 관한 욕심이 생기게 되었습니다. 그래서 다시 시작한 것이 '소설을 쓰기 위해 책을 읽자'였습니다.

소설을 쓰기 위해서는 수많은 책을 잡독雜讀 해야 하고 신앙에 관한 책을 읽어야 합니다. 그래서 책을 틈틈이 읽었고 읽은 책을 메모해 두었는데, 그것을 아는 사람들과 공유하기 위해 두 번째

'독서노트'를 내놓게 된 것입니다. 읽은 책들은 감각을 익히기 위해 대부분 '신간'을 선택했고 '신앙'에 필요한 고전도 몇 권 읽어야 했습니다. 때로는 주요 부분을 메모 했고 어떤 것은 느낌을 적었습니다. 가끔은 평론적인 부분도 있습니다. 그러면서도 지나치게 비판적이지 않기를 노력했습니다.

오늘의 나 된 모습

내가 첫 신앙을 접하게 된 날은 초등학교 6학년 여름철 비가 오는 날이었습니다. 방과 후 비가 몹시 많이 와서 집으로 돌아갈 수 없었습니다. 친구 집에서 잠깐 머물고 있는데 친구의 집 서랍 밑에 떨어져 있었던 작은 종이에 쓰여진 글귀가 있었습니다. "한번 죽는 것은 정한 이치요 그 후에는 심판이 있으리니"라는 말씀의 내용이었습니다. 비는 그치고 해는 서산으로 지고 있었습니다. "내가 외아들인데 어떻게 살아야지? 하지만 목사가 되어야 해!"라는 생각이 그날 이후로 머릿속에서 떠나지 않았습니다. 그 어린 소년이 어떻게 어른도 생각하지 못할 내용을 이해했는지, 성령님이 아니고서는 불가능했을 것입니다.

이것이 내가 목사가 된 최초의 부르심이었습니다. 그 후 개인적인 성경공부와 교회가 없었던 우리 동네에서의 교회 설립은 처절했습니다. 고3 때의 일입니다. 누님네 경운기 창고를 빌려 예배를 드리고, 우리 집 행랑채에서 삼 년 반을 예배하면서 완악했던 부모님이 신앙을 받아들였고 동네 사람들의 경우, 세 사람을 제외하고는 모두가 긍정적으로 받아들여 교회가 세워졌습니다.

당시 나는 중학교와 고등학교 6년의 통학을 걸어서 또는 자전거로 40리를 왕복했습니다. 학교공부가 아니라 노동이었습니다. 운이 좋아 비가 오는 날이면 버스를 타기도 했지만 그나마 버스도 오지 않아 걸을 때가 허다했습니다. 중학교 때는 아무것도 모르고 터벅거리며 다녔지만 고3때는 하늘을 보고 땅을 걸을 때마다 이 40리 길을 언젠가는 내가 승용차를 타고 다닐 수 있는 날이 있을까? 저 하늘의 비행기를 타고 나도 나를 수 있는 날이 올 수 있을까라고 생각하던 날이 엊그제 같습니다. 가난하고 헐벗음이 얼마나 무서운지를 어릴 때 잘 알았습니다.

1997년 1월5일 미국에 도착한 이래 주님의 돌보심은 세심하셨습니다. 어려움을 당할 때마다 극복하는 나의 말은 한결같습니다. "주님께서 해결해 주십니다." 주님은 나의 이 말에 단 한 번도 거절하신 적이 없습니다. 혼자 생각이지만 자비의 하나님은 외아들로 고생 없이 자란 나를 많이 봐주시는 게 아닌가 싶습니다. 그러고 보면 하나님은 엄청 마음이 약하신 분이라는 걸 개인적으로 알고 있습니다.

나의 선친이야기

나의 선친의 '전도모토'는 책의 제일 앞부분에 기록해 놓았습니다. 그만큼 내게는 영광스럽기 때문입니다. 선친께서는 그리스도를 받아들이시기 전에 일생을 풍수지리에 몰두하셨습니다. 나는 선친의 풍수를 재해석하고 싶었습니다. '풍수지리가 한국 장묘문화에 미치는 영향'은 대단합니다. 고국의 좋은 산들은 죽은 사람들의 묘지로 훼손되고 있습니다. 얼마 지나지 않으면 묘지로 모든 산을 덮을 지경에 이르렀습니다.

정부는 그 대안으로 2001년 1월 13일부터 시행된 '장사 등에 관한 법률'에서 개인묘지는 9평, 집단 묘지는 3평으로 하고, 묘지 설치기간도 매장 후 15년씩 3회까지만 연장이 가능하고 그 후에 모든 묘지는 의무적으로 화장 또는 납골하도록 '법제화' 되어 있습니다. 이러한 시한부 매장제도를 알고 있는 분도 많지 않습니다. 최장 15년씩 연장하다가 45년이 되면 묘지를 파내어 화장이나 납골을 권하고 있지만, 화장 또는 납골은 후손에게 또 한 번의 장례식을 치르게 하는 문화로 변질시키고 있습니다.

저는 '비교분석에 나타난 기독교적 대안'으로써 아예 처음이자 마지막으로 '화장이나 자연장'으로 결론을 내리고 싶었고, 최근에는 고인의 유골을 반지나 목걸이 형식으로 만든 보관용, '추모옥'을 통해 묘지를 없애고 잃어버린 강산을 회복시키는 일에 관심이 있습니다. 반지나 목걸이 형태의 경우, 한국에서 200만 원 정도면 아주 잘 만들 수 있습니다. 어차피 인간은 흙으로 돌려보내는 것이 성경적입니다. 기독교정신은 하늘에 있기 때문입니다. 현재 한국에는 관리되지 못하거나 임자 없는 묘지가 78%에 이르고 있습니다. 묘지 법에도 어차피 15년 후에는 파내어 화장을 해야 하고, 화장한 후에는 다시 일정기간을 지낸 후 흙으로 다시 돌려보내는 일이 남아있습니다. 결국에는 흙으로 가야 합니다. 이 부분은 '풍수지리가'이셨던 나의 선친께서 직접 언급하신 내용이기도 합니다.

살아있을 때에도 이웃들에게 영향을 끼치지 못한 사람이 죽어서 까지 후손들의 걸림돌이 되어서 안 된다는 것입니다. 살아있는 후손도 마찬가지입니다. 살아생전 효도 하지 못한 사람이 죽은 부모의 시신을 명당에 넣어 자신이 잘되기를 바라는 것은 도덕적으로도 용서될 수 없는 일입니다. 만일 우리 모두가 살아있는 동안 나의 시신 처리를 부탁해 놓지 않으면 얼마 지나지 않아 내 유골은 후손에 의해 가차 없이 훼손될 가능성이 많습니다. 우리가 이런 일을 200년 정도만 앞서 보더라도 명확해 질 것입니다. 나의 선친의 전도 모토는, "네 영혼을 어디서 보낼 것인지를 기억하라!"는 것이었습니다.

어머니에 대하여

　만일 나의 책이 출판되는 줄 어머니께서 아신다면 아마 기뻐하기보다는 작은 방으로 들어가셔서 기도하기에 바쁘셨을 것입니다. 첫 번째 '에세이' 『떫은 감나무에 설탕을 주면 단감이 열린다』가 2002년 5월에 발간되었을 때 나는 어머니께, 이웃에게 선물로 드리라고 12권을 맡겼습니다. 그 후 2005년 1월, 어머니께서 돌아가신 후, 유물을 챙기다 보니 내가 드린 책은 고스란히 서랍장에 남아 있었습니다. 어머니가 믿던 우체국장 한 분께만 드리고 나머지는 아들의 허물이 드러날까 엄두가 나지 못했던 것입니다.

　참으로 소중한 어머니입니다. 2002년 12월 4일 서울을 방문하고 금산에서 어머니와 점심을 함께 하고 있었습니다. 그때 나는 내 수첩을 꺼내어 '어머니의 서명'을 받았습니다. '송복일'이라는 이름 석 자입니다. 한글이라고는 "감사합니다 하나님!" 그리고 자신의 이름 석 자 밖에 모르는 어머니셨습니다. 어머니는 언제나 말씀하시기를 "두고 봐라, 나는 죽을 때 고생 안 한다. 너의 아버지 떠나고 3년만 더 살고 죽으련다. 너희가 먼데 있으니 죽을 날짜와 요일까지를 하나님께 부탁하고 있다. 너희는 걱정하지 말고 소식이 가면 여기에 와서 장례식만 하면 된다. 너희들 고생스럽게 오지 않아도 되지만, 남들 눈이 있어 와야 한단다."고 여러 차례 말씀하시었습니다. 어머니는 말씀대로 2005년 1월19일 수요일에 떠나셨습니다. 이 날은 아버지가 떠나고 3년이 되는 해였고 고독하셨지만 홀로 훌쩍 떠나셨습니다. 어머니는 생전에 우리와 함께 사시는 것도 고려하였지만 "내 손으로 키운 손자가 아니라서 서먹하다"라는 말을 하시며 함께 사는 것을 거절하셨습니다. 2006년에 두 번째 에세이 『어머니의 서명』이란 책은 그렇게 해서 붙여진 이름입니다. 책이 네 번째 다시 나오는데 왜 어머니 생각이 이처럼 간절할까요?

어머니

스산한 바람 얼굴에 스친다
가닥진 머리 희미하게 날리며
강 건너 누군가 배를 기다린다
온 종일 강가를 서성인다
사공은 세월을 감으며 노를 젓고
강은 여전히 바람만 만지작거리며
놀고 있다

책의 이름에 대하여

　책을 읽다 보니 하루를 잘살아야 한다는 생각을 많이 했습니다. 목회자의 경우 일상의 삶이 말씀과 기도, 설교 준비와 심방입니다. 그 중에서도 책을 손에 놓을 수 없는 게 목회자입니다. 설교 작성을 위해서 또 글을 써야 합니다. 여기에서 더 부담되는 일은 깊이 생각하는 일입니다. 그래서 이번 책의 이름을 『생각하라 그리고 행동하라』는 제목을 붙여봤습니다. 생각하지 않고 행동하는 사람은 없습니다. 생각하지 않고 되는 일도 없습니다. 내가 하루를 살아보니 하루가 그냥 지나가 버릴 때가 많습니다. 하루의 세밀한 계획이 없으면 하루는 의미 없게 그냥 지나갑니다. 우선 나 자신에게 미안합니다. 어영부영하다가 그만두는 날이 오지 않을까 두렵기도 합니다. 내게는 글 쓰는 일도 그랬습니다. 아침에는 무엇을 할 것인가를 기록으로 남기고, 저녁에는 내가 하루를 어떻게 보냈는지를 기록하려면 쓸게 없었던 날들이 많습니다. 그게 없으니 자신에게 미안하고 허무했습니다. 하루가 일생으로 이어지겠다는 생각도 했습니다. 지금까지의 내 삶이 이랬는가 하는 것도 생각했습니다.

　생각해보니 내가 일할 수 있는 나이는 저녁 때가 되었습니다. 길게 잡아도 10년 남았다는 생각을 하니 아찔합니다. 이것을 다시 토막 내어보니 남는 시간이라고는 전혀 없습니다. 하루는 24시간인데 언제 무엇을 어떻게 할 것인가를 계획을 하지 않았더니 하루를 산 것이 아니라 하루를 죽였습니다. 최근 책을 낸답시고 껍신대느라 계획을 세우지 않은 자신이 한심합니다. 핑계야 많습니다. 지금까지 원고 정리하느라 수고했으니 조금 쉬어라 하는 것이지만 분명히 이건 스스로를 위로하는 게으른 핑계입니다. 예전에 물만 마시는 금식을 20일쯤 해보면 하루가 그렇게 길게 느껴졌습니다. 기운이 없으니 기도도 되지 않았습니다. 온종일 먹는 것만 생각하다가 끝냈습니다. 나를 포함한 많은 사람들은 엄청 먹으면서 살이 찌고 배가 왜 이렇게 나오느냐고 걱정합니다. 하루를 보면 나 스스로가 앞으로 어떻게 발전하고 어떻게 된다는 미래가 보입니다. 이렇게 살다가는 더 비참하겠습니다. 성경은 "정신 차리라, 예수님을 깊이 생각하라!"는 말씀은 알겠는데 행동이 없었습니다. 생각하지 않으니 정신 차릴 리가 없는 것이지요. 하여튼 책의 제목은 이런 저를 위해 만든 것입니다. 지금 생각하는 것을 행동으로 옮기지 않으면 안된다는 걸 명심하려고 선택한 이름입니다.

100권만 읽자던 책

처음에는 베스트셀러 100권만 읽은 후 신앙소설을 시작하려고 했습니다. 그런데 말입니다. 나처럼 책을 읽지 않은 사람이 지구상에 또 있을까 할 정도로 많은 책이 기다린다는 걸 뒤 늦게 알았습니다. 시골 출신이라서 책과 접할 틈이 별로 없었고, 책 한 권을 사려면 점심을 굶어야 했습니다. 도서관을 이용할 줄도 몰랐습니다. 어영부영 하다가 여기까지 왔습니다. 소설보다 급한 게 책 읽는 것이란 걸 안 것이지요. 이제야 눈을 떴다고 봐야겠습니다. 기본적인 것만 읽는다 해도 내 남은 시간으로는 모자랄 듯합니다. 책 안에는 꼭, 만나야 할 사람과 가봐야 할 곳들이 있었습니다.

늦었지만 기회가 되면 만나고, 가고 싶은 곳도 가봐야 한다는 의욕이 생겼습니다. 책 읽는 목적은, '행동'에 목표를 두어야 한다는 것도 알았습니다. 내가 사는 10년 동안 아시아 두 곳에 작은 시설 한 개씩을 만들어 돕기로 결단했습니다. 돈이 많이 들어가는 것도 아닙니다. 교회가 할 수 없다면 개인적으로 하기로 했습니다.

책만 읽다가 죽는다면 이것 역시 허무맹랑한 짓에 불과할 것입니다. 그렇다고 소설을 포기한 게 아닙니다. 쓰기 시작하면 금방 쓸 자신이 있습니다. 소설도 잘 쓰기보다는 신앙의 개념을 심어주기 위한 나의 아들과 딸, 그리고 사랑하는 조카에게 주고 싶은 마음뿐입니다. 이제 매일 책을 읽지 않으면 하루가 무의미하고 나에게 미안한 생각이 듭니다. 주일 설교에도 책 한 권을 읽고 그 책 안에서 깊이 생각하고 설교를 준비하면 스스로 당당하고 미안한 마음이 없지만, 책 한 권도 읽지 않고 설교를 하려고 하면 먼저 나에게 미안한 마음이 듭니다. 지난 주일에는 책 한 권을 읽지 않았습니다. 결국 설교는 죽을 쑤었습니다. 준비한 내용인데도 자신에게 당당함이 없으니 그런 것이지요. 내가 알고 있는 것을 아내도 알았는지 주여, 하는 소리가 강단까지 들려와 땀을 뻘뻘 흘렸습니다. 이런 때는 빨리 끝내는 게 정답인데 정신이 없으니 빨리 끝내지도 못하고 허둥대다가 말았습니다.

자신에게 포상을

내가 어렸을 때는 부모님께 칭찬을 받았고 학교 다닐 때에는 선생님에게 칭찬을 들었지만 이제, 내게는 부모도 선생님도 없습니다. 하루를 허무하게 보내도 누가 뭐라는 사람도 없습니다. 어른이기 때문입니다. 주위사람들이 칭찬하는 거야 입에 발린 소리라는 걸 압니다. 그게 진실이라 하더라도 귀담아 들어서는 안 되는 일이라는 것쯤은 상식입니다. 사람에게 가장 무서운 게 있다면 그것은 "교만과 열등감"일 것입니다. 나와 비교하여 조금만 상대가 나아보여도 자신을 비하하거나 심한 열등감에 쉽게 빠지게 됩니다. 반대로 나보다 상대가 못하다는 생각이 드는 순간, 괜한 우월감에 빠지게 되는 게 사람인 듯싶습니다. 이러고 보면 사람처럼 간사하고 천한 동물은 없는 듯합니다. 나 역시 그런 생각이 드는데는 어쩔 수 없는 추물입니다.

　　그러나 자신이 노력한 성취감마저 무시돼서는 안 된다는 생각을 하고 있는 중입니다. 그래서, 남이야 어찌 생각하든지 나에게 '포상'을 준비하여 상을 내려주고 싶습니다. 이것은 혼자만의 생각이지만 내 나름, '거룩한 예식' 입니다. 이 예식은 나의 아내나 아들과 딸도 모릅니다. 오직 하나님과 나만의 '예식'이 될 것입니다. 구태여 그 비밀스러운 게 무엇이냐고 묻는다면, 개인적으로는 답해줄 용의도 있고 당신도 그렇게 하라고 자세히 설명해 주고 싶습니다. 그러나 질문하는 사람은 반드시, 자신만이 아는 비밀스러운 성취감과 자신에게 당당함이 있어야 합니다.

도서목록

I. 기독교

A.J. 제이콥스A.J. Jacobs의 『미친척하고 성경 말씀대로 살아본 1년』 상하. 2009. 4쇄.
조나단 에드워드Jonathan Edwards의 『신앙감정론』 부흥과 개혁사 2011. 12쇄. p719.
로이드-존스David Martyn Lloyd-Jones의 『교리강좌 시리즈』 1-3권 부흥과개혁사 2010. 14쇄.
존 맥아더John MacArthur의 『구원이란 무엇인가』 부흥과 개혁사 2011. 4쇄. p395.
존 맥아더John MacArthur의 『그리스도만으로 충분한 기독교』 부흥과 개혁사 2010. 4쇄. p270.
존 맥아더John MacArthur의 『값비싼 기독교』 부흥과 개혁사 2012. 5쇄. p298.
프랭크 바이올라Frank Viola의 『이교에 물든 기독교』 대장간 2011. p432.
레이 윤겐Ray Yungen의 『신비주의와 손잡은 기독교』 부흥과 개혁사 2009. p339.
옥성호의 『엔터테인먼트에 물든 기독교』 부흥과 개혁사 2011. 6쇄. p366.
옥성호의 『마케팅에 물든 기독교』 부흥과 개혁사 2011. 14쇄. p461.
옥성호의 『심리학에 물든 부족한 기독교』 부흥과 개혁사 2011. 21쇄. p349.
박용순의 『기독교 세상의 함정에 빠지다』 부흥과 개혁사 2010. 4쇄. p382.
윌리엄 피터슨William J. Petersen과 랜디 피터슨Randy Petersen의
『20세기를 움직인 100권의 책』 부흥과 개혁사 2009. 4쇄. p327.
백금산의 『큰 인물 독서법』 부흥과 개혁사 2009. 4쇄. p290.
백금산의 『책을 읽는 방법을 바꾸면 인생이 달라진다』 부흥과 개혁사 2011. 17쇄. p204.
한재술의 『독서모임, 대답은 있다』 그 책의 사람들 2011. 1쇄. p271.
존 오웬John Owen의 『영의 생각, 육신의 생각』 청교도신앙사 2012. 2쇄.
이용규의 『같이 걷기』 규장 2011. 44쇄.

게리 채프먼의Gary Chapman의 『5가지 사랑의 언어』 생명의 말씀사 2011. 30쇄.
게리 콜린스Gary Collins의 『코칭 바이블』 IVP 2011. 1쇄. p506.
존 파이퍼John Piper의 『하나님을 설교하라』 복있는 사람 2012. 2쇄.
김하중의 『하나님의 대사』 1,2권 규장 2012.
윤석준의 『한국교회가 잘못 알고 있는 101가지 성경이야기』 1,2권 부흥과 개혁사 2012. 3쇄. 462쪽.
이민아의 영성고백 『땅에서 하늘처럼』 시냇가에 심은나무 2012. 1쇄.
김선태의 『땅을 잃고 하늘을 찾은 사람』 생명의 말씀사 2011. 11쇄.
이성준의 『하나님 안에서 부자 되기』 요단 2008. 2쇄.
빌 하이벨스Bill Hybels의 『액시엄Axiom』 한국기독학생회출판부 2008. 5쇄. p375.
크리스토퍼 라이트Christopher J. H. Wright의
『John Stott 우리의 친구』 한국기독학생회출판부 2011. p418.
손봉호 교수의 『잠깐 쉬었다가』 홍성사2011. 1쇄. p351
오스 힐먼Os Hillman의 『하나님의 타이밍』 생명의 말씀사 2011. 27쇄. p263.
해돈 로빈슨Haddon W. Robinson의 『탁월한 설교에는 무언가 있다』 솔로몬 2011. p255.
정용섭의 『설교란 무엇인가』 홍성사 2011. p275.
신성욱의 『목사님 설교 최고예요』 생명의 말씀사 2011. 1쇄.
이찬수의 『일어나라』. 『보호하심』. 규장 2012. 9쇄
장두만의 『청중이 귀를 기울이는 설교』 요단 2009.
박영재의 『설교가 전달되지 않는 18가지 이유』 요단 2009.
박영재의 『9가지 설득법칙』 요단 2009 개정판.
워렌 위어스비Warren W. Wiersbe의 『이미지에 담긴 설교』 요단 2008. 9쇄.
존 비비어John Bevere의 『순종』 두란노 2010. 91쇄.
에드 스태저Ed Stetzer와 마이크 도슨Mike Dodson의 『다시 부흥한 324교회 성장 리포트』 요단 2010.
윌리엄 칼3세William J. Carl III의 『목회수업30』 홍성사 2011. p342.

II 일반

도올 김용옥의 『사랑하지 말자』 통나무 2012. 5쇄. p355.
E. L. 제임스E. L. James의 『50가지 그림자』 시공사 2012. 1-6권. 12쇄.
김난도의 『천 번을 흔들려야 어른이 된다』 문학동네 2012. 4쇄. p307.
김난도의 『아프니까 청춘이다』 쌤앤파커스 2011. 542쇄. p317.
윤혜미의 『남자의 멋. 품. 격』 랜덤하우스 2011. 1쇄. p319.
윤선현의 『하루 15분 정리의 힘』 위즈덤하우스 2012. 12쇄. p263.
나구모 오시노리南雲吉則의 『1일1식』 위즈덤스타일 2012. 3쇄. p240.
박웅현의 『책은 도끼다』 북하우스 2012. 13쇄.
김정운의 『남자의 물건』 21세기 북스 2012. 1쇄. p355.
강상구의 『마흔에 읽는 손자병법』 흐름출판 2012. 53쇄. p327.
섀넌 폭스Shannon Fox외 『마지막에 결혼하는 여자가 이긴다』 21세기 북스 2012. 2쇄. p313.
위지안f娟의 『오늘 내가 살아갈 이유』 예담 2012. 13쇄. p307.
김훈의 『흑산』 학고재 2011. 5쇄. p407.
Sam Kim의 『여성주의 性인지적 觀點에서 본 소설』(아내가 결혼했다. 박현욱. 문이당 2006).
최인철의 『프레임』 21세기 북스 2012. 30쇄.
정순태의 『송의 눈물』 조갑제닷컴 2012. 1쇄. p207.
교보문고의 『광화문에서 읽다 거닐다 느끼다』 교보문고 2010.
이외수의 『절대강자』 해냄 2011. 1쇄.
박경철의 『자기혁명』 리더스북 2011. 56쇄. p399.
필립 체스터필드Philip Chesterfield의 『아들아』 함께북스 2011. 1쇄. p253.
도티 빌링턴Dottie Billington의 『멋지게 나이드는 법 46』 작은씨앗 2011. 11쇄. p247.
박영만의 『묘비명으로 본 삶의 의미 인생열전』 프리윌 2011. 1쇄. p349.

사라 밴 브레낙스Sarah Ban Breathnach의 『혼자 사는 즐거움』 토네이도 2011. p333.
카트린 파시히Kathrin Passig와 알렉스 숄츠Aleks Scholz의 『여행의 기술』 김영사 2011. p256.
정몽준의 『나의 도전 나의 열정』 김영사 2011 3쇄. p319.
이지성과 정회일의 『독서천재가 된 홍대리』 다산북스 2011. p270.
조지 프리드먼George Friedman의 『100년 후』 김영사 2010.
종주캉의 『다시는 중국인으로 태어나지 않겠다』 포엔북 2010. 1쇄.
구본형의 『낯선 곳에서의 아침』 생각의 나무 2001. 개정1쇄. p362.
구본형의 『익숙한 것과의 결별』 생각의 나무 2001. 개정1쇄. p387.
마이클 샌델Michael J. Sandel의 『정의란 무엇인가』 김영사 2010. 13쇄.
마이클 샌델Michael J. Sandel의 『왜 도덕인가』 한국경제신문 2010. 1쇄. p351.
이지훈의 『혼.창.통』 쌤앤파커스 2010. 20쇄. p299.
이지성의 『리딩으로 리드하라』 문학동네 2010. p367.
스튜어트 다이아몬드Stuart Diamond의 『어떻게 원하는 것을 얻는가』 8.0Essence 2012. 8쇄. p395.
조지베일런트George E. Vaillant, M.D.의 하버드대학교 인생성장보고서
『행복의 조건』 프런티어 2010. p486.